Julius Pöhnert

Provokation in Rosa

Danksagung:

Das vorliegende Buch ist erstmals im Jahr 2009 an der Johannes Gutenberg-Universität Mainz als Diplomarbeit im Fachbereich Mediendramaturgie vorgelegt worden und erscheint nun in einer aktualisierten und ergänzten Fassung.

Für die Betreuung der Arbeit möchte ich mich bei Prof. Dr. Norbert Grob sowie bei Dr. Bernd Kiefer herzlich bedanken. Ebenso gilt mein Dank den Korrektoren des Buches, für zahlreiche Anmerkungen besonders Renate Kochenrath, René Schuppert und Leif Murawski. Ein außerordentlicher Dank gilt dem Bibliotheksteam der Universität Mainz sowie Eva Schmitz von der Mediathek der Universität Siegen für das Zugänglichmachen zahlreicher Sichtkopien.

Ein herzliches Dankschön geht an Rosa von Praunheim und seinen Mitarbeiter Markus Tiarks für die Bereitstellung von Bildmaterial für dieses Buch, an Harald Mühlbeyer für die unermüdliche Betreuung im Mühlbeyer Filmbuchverlag sowie an die zahllosen hier ungenannten Helfer, die mich bei der Erstellung dieser Arbeit unterstützt, aufgemuntert und erheitert haben.

Julius Pöhnert

Provokation in Rosa

Typen, Tunten, Charaktere in Rosa von Praunheims Filmen

MÜHLBEYER
FILMBUCHVERLAG

Bibliografische Information der Deutschen Nationalbibliothek:
Die Deutsche Nationalbibliothek verzeichnet diese Publikation in der Deutschen Nationalbibliografie; detaillierte bibliografische Daten sind im Internet über http://dnb.d-nb.de abrufbar.

Inh. Harald Mühlbeyer
Frankenstraße 21a
67227 Frankenthal
www.muehlbeyer-verlag.de

Lektorat, Gestaltung: Harald Mühlbeyer
Umschlagbild: © Rosa von Praunheim Filmproduktion
Umschlaggestaltung: Steven Löttgers, Löttgers-Design Birkenheide

Bildrechte: Alle Abbildungen © Rosa von Praunheim Filmproduktion, außer Abbildung 23: Entnommen aus *Der Spiegel* 51/1991, S. 213.

ISBN: 978-3-945378-12-0
Druck: BoD, Norderstedt
Printed in Germany

Inhalt

»Ich hasse Cinéasten und Leute, die akademisch übers Kino schreiben.
Und ich hasse Leute die über dem Kino das Leben vergessen.«

Rosa von Praunheim
(*Filmfaust* 25, 1981, Seite 13)

1. Einleitung

»Vom cineastischen Standpunkt aus betrachtet, sind Rosa von Praunheims Filme barbarisch – nur ist fraglich, ob man diesen Filmen gegenüber einen cineastischen Standpunkt einnehmen kann.«[1]

Klaus Kreimeier

Rosa von Praunheim ist mit einem Werk von rund 80 Filmen[2] einer der produktivsten Filmschaffenden Deutschlands. Weltweit ist er einer der ersten Filmemacher, die sich in ihrem Werk intensiv mit Homosexualität beschäftigen und die deutsche Schwulenbewegung herausfordern. Dennoch wird Praunheim in der Filmwissenschaft bislang nur wenig Beachtung geschenkt. Im einleitenden Zitat deutet sich ein Grund hierfür an: Praunheims Filme zeigen gegenüber ihrem Medium eine starke Aggression. Praunheim selbst wird zum Anti-Filmemacher, indem er sich über filmästhetische Konventionen hinwegsetzt und Dilettantismus zum Stilmittel erhebt. Sein Film DIE BETTWURST (1971) erlangt durch dessen auffällige, naive Machart hohe Bekanntheit und avanciert zum Kultfilm. NICHT DER HOMOSEXUELLE IST PERVERS, SONDERN DIE SITUATION, IN DER ER LEBT (1971) ruft im Deutschland der 70er Jahre einen Skandal hervor. Gerade deshalb ist es bedeutsam, diese Filme zu untersuchen und zu ermitteln, wie Praunheim Film gleichermaßen zur Selbstverwirklichung wie als aktivistische Handlungsaufforderung einsetzt.

1 Kreimeier 1984, 39.

2 Unzählige neuere Kurzdokus sind hier nicht mitgezählt.

Zunächst ist es dafür wichtig, in Punkt zwei dieser Arbeit, die Ursprünge von Praunheims Schaffen zu untersuchen. Durch zahlreiche Kunstformen beeinflusst, ist er zunächst einmal mehr als Künstler denn als Filmemacher zu betrachten. Kunst und Film schließen sich zwar nicht aus – ganz im Gegenteil – dennoch steht in Praunheims Filmen die Künstlerpersönlichkeit Rosa von Praunheim stets im Vordergrund. Für ein Verständnis seiner Filme ist es wichtig zu ergründen, welche Bedeutung Privatheit und Öffentlichkeit für ihn haben und wie er diese in seinen sehr persönlichen Filmen verbindet. Eine Trennung von Praunheims Filmen und seiner Person scheint unmöglich, besonders deutlich wird dies an zwei filmischen Selbstporträts: NEUROSIA (1995) und PFUI ROSA! (2002).

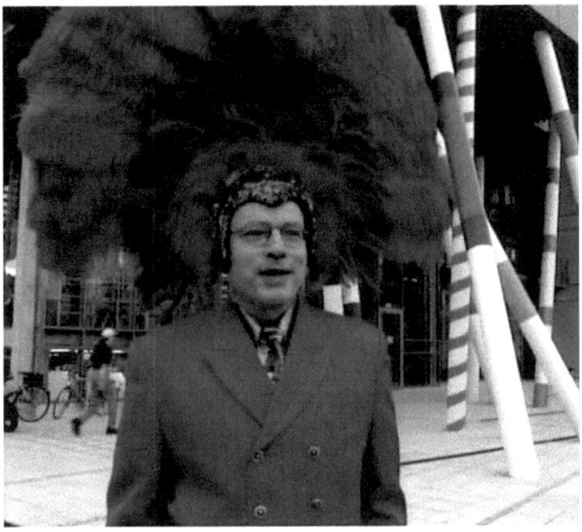

Abbildung 1: PFUI ROSA

Im dritten Kapitel der Arbeit werden besondere Auffälligkeiten an Praunheims Filmen festgehalten; es wird untersucht, wie er seine Filme gestaltet. Besonders augenfällig sind dabei die Farbgestaltung, die Ausstattung mit Kitsch und Nippes sowie der Kontrast zwischen Werken mit naiver und professioneller Ästhetik. Bei Rosa von Praunheim als schwulem Filmemacher drängt sich zudem die Untersuchung einer möglicherweise schwulen Ästhetik auf. Hierzu geben zahlreiche Analysen der Queer-Studies sowie die Untersuchung des amerikanisch geprägten Camp einige Aufschlüsse.

Besonders charakteristisch ist an Praunheims Œuvre die Synthese von Dokumentar- und Spielfilmen. Hierzu sollen Praunheims Dramaturgien für deren Verbindung untersucht werden sowie die Frage, warum eine Trennung beider Erzählformen bei ihm nicht möglich ist. Rosa von Praunheim bezeichnete sich einmal selbst als Voyeur, weil er Vorgefundenes aufnimmt. Die improvisatorische Arbeit mit seinen Darstellern ist deshalb ein zusätzlicher, wichtiger Untersuchungsaspekt.

Im Fokus des vierten Teils der Arbeit stehen die thematischen Inhalte der Filme. Von besonderem Interesse sind dabei die Menschen, die Praunheim filmisch porträtiert. Vor allem sind dies starke, alternde Frauen wie Luzi Kryn oder Lotti Huber, aber auch Aktivisten der Schwulenbewegung, die von Praunheim in intensiver Nähe durch Dokumentationen und Spielfilme begleitet werden. Auffällig in diesen Filmen ist die stete Suche der Protagonisten nach persönlichem Glück, anhand der verschiedene Lebensentwürfe vorgestellt werden. Die meisten seiner Protagonisten haben Angst, Lebensinhalte zu verpassen und setzen dem Horror vacui, einer unerträglichen Leere, eine unermessliche Fülle von Inhalten und Erfahrungen entgegen. Um diese Lebensentwürfe zu diskutieren, versucht Praunheim stets dem vermeintlich Normalen eine Perversion entgegenzusetzen. Es wird mit immer empörenderen Perversionen provoziert, wobei sich stets die Frage neu stellt, wo Normalität endet und wo Perversion beginnt, und ob letztere für Praunheim überhaupt existiert.

Ein weiterer Aspekt von Praunheims Filmschaffen ist schließlich die erzielte Wirkung seiner Filme. Praunheim macht unangepasste und unbequeme Filme, um den Zuschauer zum Nachdenken anzuregen. Besonders mit seinen Schwulenfilmen der 70er Jahre regt er einen frühzeitigen Aktivismus an. Am Beispiel dieser wird untersucht, mit welchen Gestaltungsmitteln und welchem didaktischen Aufbau sein Werk eine Provokation erzielt. Eine ähnliche Herangehensweise lässt sich bei Praunheims Filmen zu AIDS in den 80er und 90er Jahren beobachten. Begleitet werden Praunheims agitatorische Filme von eigenen Artikeln in der deutschen Presse sowie zahlreichen Auftritten im Fernsehen, die schließlich im Outing von homosexuellen Prominenten durch Praunheim münden. Hierzu wird das öffentliche Meinungsbild betrachtet und die Methoden, mit denen Praunheim dieses in seinen Auftritten zu formen versucht.

Aufgrund der geringen Anzahl eigenständiger Publikationen zu Rosa von Praunheim bietet sich in der Arbeit die besondere Chance für grundlegende Analysen. Von großer Hilfe ist dabei eine von Peter W. Jansen und Wolfram Schütte herausgegebene Aufsatzsammlung aus der (inzwischen eingestellten) *Reihe Film* des Hanser-Verlags. Zudem geben viele zeitgenössische Filmkritiken und -essays aus der Tagespresse und aus Magazinen wertvolle Aufschlüsse über die Rezeption von Praunheims Filmen. Gleichwohl wurden, besonders im englischsprachigen

Raum, viele kürzere wissenschaftliche Untersuchungen im Rahmen schwuler Filmtheorien angestellt. Praunheims schriftliche Autobiografien *Sex und Karriere* und *50 Jahre pervers* sowie eine Vielzahl von Interviews, die er über die Jahre gegeben hat, veranschaulichen hingegen Praunheims Arbeitsweise und die Intention seiner Filme, die für die Betrachtung seines Werkes unerlässlich sind.

Nicht alle seiner Filme sind im Handel erhältlich. Viele der diskutierten Filmbeispiele wurden deshalb als Kinovorführung oder aufgezeichnete Fernsehausstrahlung gesichtet. Zudem bietet der Regisseur selbst einige seiner Filme zum Kauf an. Die vorliegende, thematisch orientierte Arbeit bezieht sich stets auf jeweils prominente und anschauliche Beispiele und beschränkt sich damit hauptsächlich auf einige herausragende Filme innerhalb Praunheims umfangreichen Schaffens. Sofern notwendig und sinnvoll werden aber auch stets Vergleiche mit weiteren Produktionen herangezogen, um ein vollständiges und differenziertes Bild von Praunheims Werk zu zeichnen.

2. Rosa von Praunheim als Künstler

»Nieder mit der Intelligenz, es lebe der Tod!«

Carla Aulaulu in ROSA ARBEITER AUF GOLDENER STRASSE – 2. TEIL

2.1 Anfänge

Rosa von Praunheims Ursprünge liegen in der bildenden Kunst. Unter dem Künstlernamen Rosa von Praunheim stellt Holger Mischwitzky Anfang der 1960er Jahre Bilder von geköpften Königen aus. 1967 veröffentlicht er in seinem Band *Männer, Rauschgift und der Tod*[3] Skizzen und Gedichte, 1968 den Fotoroman *Oh Muvie*[4], gemeinsam mit seiner späteren Kamerafrau Elfi Mikesch. Sein Werk umfasst außerdem Theaterstücke und Hörspiele. Den Film scheint Praunheim zunächst nur als eine weitere Ausdrucks- und Experimentierform zu sehen. Seine frühen Kurzfilme haben experimentellen Charakter. Der Erstlingsfilm VON ROSA VON PRAUNHEIM (1968) erzählt in kontrastreichen und groben Bildern eine moderne Aschenputtelgeschichte: Eine junge Frau (Carla Aulaulu) muss für ihre Schwestern und die Familie erniedrigende Dienste übernehmen. Die Handlung lässt sich kaum ausmachen. Der Film lebt von den perspektivreichen Kamerabeobachtungen der Hauptdarstellerin Carla Aulaulu und deren teils spasmisch anmutenden Bewegungen, die in einem exzessiven Tanz enden. Auch der dem stummen Film überge-

3 Siehe Praunheim 1967.
4 Siehe Praunheim/ Oh Muvie 1969.

sprochene und gesungene Kommentartext kann den Inhalt nicht erläutern. Teils singt Rosa von Praunheim selbst in einer dem Französischen nachempfundenen Fantasiesprache. Carla Aulaulu versucht in ihrem deutschsprachigen Sprech- und Gesangspart den Gefühlszustand der von ihr verkörperten Figur zum Ausdruck zu bringen:

> Mein Herz, ach mein Herz ist voller Quaaaal.
> Ich leide bis zum Überdruss.
> Mein Besen in meinem Herzen ist vergoldet und ich bin voller Bluti;
> Bluti in meinem Herzen, denn der Schmutzi in meinem Herzen ist feucht
> und voller Asseln.[5]

Die Verwendung von Sprache erinnert an den Dadaismus und experimentelle Lyrik, ähnlich wie Praunheims frühe Gedichte:

> ein SCHAUKELN
> im gang deutete bei den nervösen zuschauern auf FALLEN. sie hoben schon
> die HÄNDE um unverhinderbares zu verhindern. ich liebe einen KÖNIG, die
> krone hat mehr LÖCHER als ein sieb, und ich liebe mich vor dem SPIEGEL[6]

heißt es in einem Gedicht, das mit »Die Bettwurst« betitelt ist. Praunheims Gedichte evozieren, wie seine Kurzfilme, eindeutige sexuelle Konnotationen. Ein Verständnis des Gezeigten erschließt sich im Film durch die Tonlagen und Betonungen des Gesprochenen, im Gedicht wird diese Funktion durch Groß- und Kleinschreibungen und Texteinrückungen übernommen. Auch in weiteren frühen Kurzfilmen fällt die

5 Filmzitat, Carla Aulaulu in VON ROSA VON PRAUNHEIM.

6 Praunheim 1967, 9. Die Schreibweisen und Einrückungen sind aus dem Gedichtband übernommen.

ungewöhnliche Form auf. Geprägt durch den amerikanischen Experimental- und Undergroundfilm sowie durch eine Regieassistenz bei Gregory Markopoulos, findet Praunheim für den deutschen Kurzfilm experimentelle Erzählweisen. Gleichermaßen prägt ihn die frühe Zusammenarbeit mit Werner Schroeter, mit dem er in GROTESK – BURLESK – PITTORESK (1968) Co-Regie führt. In späteren Filmen greift Praunheim wieder Sprachspiele auf. Mit »mein krutschi grunzi brunzi frunz«, »mein watscheli patscheli popeli poo« und »mein schmusi, rumsi bumsi frotzi plotzi«[7] liebkosen sich Praunheim und Lotti Huber in Unsere Leichen leben noch (1981). Praunheim versucht ein Lebensgefühl zu vermitteln und testet die Grenzen von Verständlichkeit und Ausdruck des filmischen Mediums aus.

»Kunst muß immer auch revolutionär sein und selbst in Zeiten einer Revolution eine Gegenposition einnehmen, aufrütteln, erschrecken«[8], schreibt Praunheim über die Arbeit an einem seiner späteren Filme (ROTE LIEBE (1982)). Er möchte durch seine Filme etwas Neues zeigen und ausprobieren, ebenso interessiert er sich für Menschen, die ähnliche Ansichten vertreten. Praunheim stiftet mit seinen Filmen einen Sinn, der bereits von Walter Benjamin in einem berühmten Zitat formuliert wurde: »Es ist von jeher eine der wichtigsten Aufgaben der Kunst gewesen, eine Nachfrage zu erzeugen, für deren volle Befriedigung die Stunde noch nicht gekommen ist.«[9] So erschafft Praunheim zwar keine

7 Filmzitate, Rosa von Praunheim und Lotti Huber in UNSERE LEICHEN LEBEN NOCH.
8 Praunheim 1995, 205.
9 Benjamin 2007, 41.

neue Kunstform, allerdings eine neue Art der filmischen Weltsicht. Wenn Benjamin noch die Entfremdung von Kunst und Betrachter beklagt[10], so findet Praunheim in seinen Filmen eine Symbiose aus Kunst und Alltagsnähe. Mit Figuren, die auch als »große Volksschauspieler, wie man sie schon lange tot glaubte«[11] bezeichnet werden, führt er dem Publikum eigene Schwächen und Missstände vor. Zudem beanstandet er das »totsubventionierte Kultursystem«[12] der Deutschen, welches keine wirklichen Freiheiten biete: »beamtetes Theater ohne Risiko«[13]. Durch seine Erfahrungen im amerikanischen Underground bewegt, versucht er den unabhängigen und freien kulturellen Schaffensdrang aus den USA in Deutschland weiter zu führen. In UNDERGROUND AND EMIGRANTS (1976) dokumentiert er diese Erlebnisse und verliest im Off ein Manifest[14] über die Kulturlandschaften in Deutschland und Amerika: »Ich bin nach New York gefahren aus Wut auf den sterilen deutschen Kulturbetrieb, der akademisch, steif und unvital ist.«[15] Er bewundert die Energie der Amerikaner, die trotz widriger Umstände eine vitale Kultur erschaffen haben: »In New York sind die Theater viel schlechter dran [als in Berlin]. Viele Schauspieler müssen auf den Strich gehen oder mit Drogen han-

10 Siehe Benjamin 2007, 45. Benjamin fasst den Konflikt zwischen Künstler und Betrachter zusammen: »[E]s ist im Grunde die alte Klage, daß die Massen Zerstreuung suchen, die Kunst aber vom Betrachter Sammlung verlangt.« Praunheim gibt an, dass er vor seinen ersten filmischen Versuchen die Werke Benjamins und Adornos gelesen hat. Insofern können Benjamins Theorien als Praunheims Schaffen beeinflussend angenommen werden (siehe Praunheim 1995, 79.) In seinem Buch »Gibt es Sex nach dem Tode?« zitiert er sogar Benjamin (siehe Praunheim 1981b, o. S.).

11 Pressetext zu DIE BETTWURST in Schmid 1973, 45.

12 Praunheim in UNDERGROUND AND EMIGRANTS.

13 Praunheim in UNDERGROUND AND EMIGRANTS.

14 Für das komplette Manifest siehe Anhang.

15 Praunheim in UNDERGROUND AND EMIGRANTS.

deln, aber sie lieben ihren Beruf, sie können ohne kreativ zu sein nicht leben.«[16] Praunheim möchte einen Kampf gegen in Deutschland bestehende Ideologien und Fantasielosigkeit aufnehmen, da er sich in seiner eigenen künstlerischen und persönlichen Freiheit eingeschränkt sieht.

Die Erwartungen des Zuschauers in Praunheims frühen Filmen werden grundlegend gebrochen, so findet sich beispielsweise zwischen Rosa Arbeiter auf goldener Strasse - 1. Teil (1968) und Rosa Arbeiter auf goldener Strasse - 2. Teil (1969) kein direkter Zusammenhang außer den identischen Titeln. Im ersten Teil zeigt Praunheim eine Liebesszene zwischen Carla Aulaulu und dem durch ganzkörperliche Verbrennungen entstellten Rainer Kranich, »der das ästhetische Empfinden von Spießern testen sollte.«[17] Im zweiten Teil wird Aulaulu in eine Liebesgeschichte mit einem Revolutionär verwickelt, die in einer Enttäuschung mündet. In beiden Filmen wird die Geschichte durch einen Off-

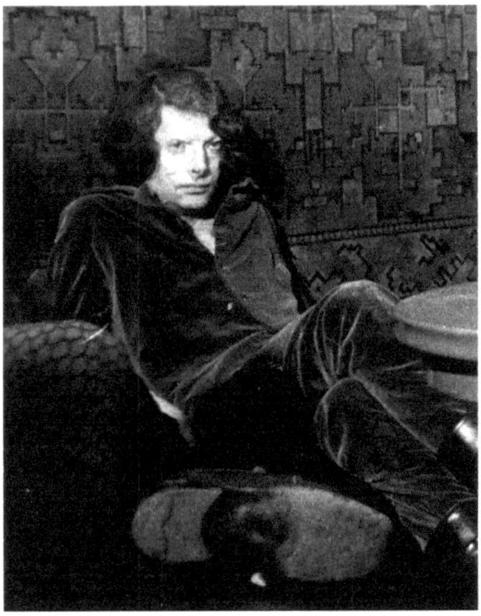

Abbildung 2: Rainer Kranich in Rosa Arbeiter auf goldener Strasse – 1. Teil

16 Praunheim in Underground and Emigrants.
17 Praunheim 1991, 108.

kommentar erläutert, bzw. durch diesen erst erzählt. ROSA ARBEITER AUF GOLDENER STRASSE - 2. TEIL endet mit einer Nahaufnahme Carla Aulaulus: »Schweine, Mörder, diese Bande von Intellektuellen haben mir meinen Mann genommen, die Freude am Besitz gestohlen und mich meiner Lebensaufgabe entfremdet. Nieder mit der Intelligenz, es lebe der Tod.« Diese absurde und gleichermaßen provokative Aussage erscheint auf der Titelseite des seinerzeit populären Magazins *film*[18], und Praunheim erlangt frühe Bekanntheit.

> Mit diesen Texten, einer politischen Parodie, gelang mir etwas aufregend Neues in der humorlosen linken Filmszene. Ich entwickelte ein perverses Interesse an bürgerlichen Formen, um sie zu verarschen; doch auch die Linke war mir suspekt. Ich war zu sehr Individualist, wollte mich nirgendwo eingliedern. Mich interessierten die kleinen Leute, die Spießer und Taxifahrer. Intellektuelle waren mir fremd, denn das Theoretische stand oft im Gegensatz zum Privaten, Persönlichen.[19]

Mit dieser Ablehnung einer Kategorisierbarkeit schafft sich Praunheim eine Sonderrolle, die er in seinen weiteren Filmen aufrecht erhält. Er entwickelt weder politische oder ideologische Sympathien noch Antipathien, so dass er besonders in Dokumentarfilmen die Rolle als neutrale Instanz wahren kann. Im Großteil seiner Arbeit beobachtet er Menschen, die sein Interesse geweckt haben. Ob Nazis, Juden, Diven, Tunten oder Obdachlosen: Praunheim begegnet seinen Figuren stets unvoreingenommen und mit Interesse. Rosa von Praunheim stellt aber auch eigene Meinungen dar und schlägt sich zeitweilig auf die Seite sei-

18 Siehe *film* 07, 1969.
19 Praunheim 1991, 95.

ner Protagonisten. In TODESMAGAZIN ODER: WIE WERDE ICH EIN BLUMENTOPF? (1979) zeigt er beispielsweise seine Sympathie für den Interviewten Al Goldstein dadurch, dass er ein T-Shirt mit dem Werbeaufdruck seines Magazins »Death« trägt. Bekundungen wie diese zeigen, dass sich Praunheim auch als Teilnehmer seiner Filme begreift. Sein angesprochenes Interesse an den »kleinen Leuten« stellt er in frühen Langfilmen wie DIE BETTWURST dar, in denen er sich von experimentellen Formen vorerst abwendet und beginnt, bürgerliche Lebensrealitäten zu verfilmen.

Rosa von Praunheim hat Glück, dass sein Talent bereits früh honoriert wird. Schon seinen ersten Film kauft der WDR an und ermöglicht durch den finanziellen Gewinn weitere Produktionen mit steigenden Budgets, die ebenfalls von Fernsehanstalten gefördert werden. Praunheim zeigt sich beeindruckt von diesen frühen Erfolgen, ohne die sein weiteres Filmschaffen vielleicht finanziell nicht machbar gewesen wäre.[20] Besonders gesellschaftliche und filmpolitische Hintergründe jener Zeit schaffen einen günstigen Nährboden für Praunheims ausgefallene Filme. Der Neue Deutsche Film begünstigt unabhängige Produktionen. Das Oberhausener Manifest (1962) fordert neue Freiheiten für den deutschen Film und wird von zahlreichen Mitgliedern der kreativen Filmszene unterschrieben. Auch die Mannheimer Erklärung (1967) illustriert einen starken Aufbruchsdrang.[21] Durch günstige Umstände war es Praunheim möglich, sich ganz auf das Filmschaffen zu konzentrieren,

20 Siehe Praunheim 1995, 83.

ansonsten hätte er sich auch einem anderen Medium zuwenden können. Zum Filmemachen kam er durch Zufall.[22] »Ich spürte immer eine dumpfe Intensität, einen Willen, kreativ zu sein, in welchem Bereich auch immer.«[23] Das Fernsehen und das Kino bieten allerdings ein größtmögliches Publikumsspektrum, um seine Themen, Ideen und Aufrufe präsentieren zu können.

2.2 Privates und Öffentliches

Mit seinen ersten Langfilmen, den Fernsehproduktionen DIE BETTWURST und NICHT DER HOMOSEXUELLE IST PERVERS, wendet sich Praunheim gezielt an große Zuschauerzahlen. Die Handlung dieser Filme ist erstmals in allgemeinverständliche Bilder und Dialoge, bzw. Voiceovers gegliedert. Zudem festigt Praunheim in diesen Filmen eine Ästhetik, Themen und Erzählstile, die in späteren Filmen immer wieder aufgegriffen werden.

Was früher Carla Aulaulu war, sind später Luzi Kryn, Evelyn Künnecke, Lotti Huber und viele andere starke Frauenfiguren. Rosa von Praunheim arbeitet mit Filmdarstellerinnen, die auch sein persönliches

21 17 Jahre nach dem Oberhausener Manifest hat sich dies wenig geändert. 1979 gehört Praunheim zu den Mitunterzeichnern der Hamburger Erklärung, in der Filmemacher aller Genres und Erzählformen ihre Solidarität erklären und sich besonders für den jungen Film einsetzen wollen.

22 Siehe Maerker/ Roth 1984, 63. Praunheim antwortet auf die Frage danach, wie er auf die Idee kam, Filme zu machen: »Ich glaube, ich habe überhaupt keine Gründe gehabt. Das war völlig naiv.«

23 Praunheim 1995, 60. In der Tat betätigt sich Praunheim, wie viele andere Filmemacher auch, parallel zum Filmemachen in anderen Kunstformen und inszeniert Theaterstücke und Hörspiele. Zudem gibt er das Malen nicht auf und oft sind Bilder von ihm in seinen Filmen zu sehen.

Umfeld prägen. Personen aus dem Privatleben wie Luzi Kryn treten in die Filmwelt ein, während für die Filme ausgesuchte Charaktere wie Lotti Huber zunehmend Praunheims Privatleben dominieren. Mit Aulaulu war Praunheim für einige Zeit verheiratet, Luzi ist tatsächlich mit ihm verwandt und mit Lotti Huber verband ihn eine »erotische Beziehung«[24]. Auch männliche Darsteller sind in diesen Prozess einbezogen, wie Dietmar Kracht aus Die Bettwurst, der zeitweise in Praunheims Wohnung lebt und in späteren Filmen oft in kleinen Rollen zu sehen ist. Auch zahlreiche Charaktere aus Dokumentarfilmen, wie Evelyn Künnecke, Helga Goetze oder Ichgola Androgyn, treten in vielen von Praunheims Spielfilmen auf.

Die persönliche Arbeitsweise spiegelt sich in den Filmthemen wieder. Neben ungewöhnlichen Frauenporträts, der Bewunderung von Kitsch und Schrillem sowie der Beschäftigung mit dem Tod drehen sich viele Dokumentationen und Spielfilme um Homosexualität. Sich selbst als »produktivster Schwulenfilmer der Erde«[25] bezeichnend, macht Praunheim Privates öffentlich und nutzt seine Filme gleichermaßen als öffentlichen Diskurs sowie zur persönlichen Weiterentwicklung. »Ich möchte nicht Filme machen um Filme zu machen, sondern Film ist so-

24 Diese erläutert Lotti Huber in ihrer von Praunheim verfilmten Biografie Affengeil. Auf der Neuausgabe von Praunheims Buch *Sex und Karriere* sind zudem Huber und Praunheim zusammen abgebildet. Lotti Huber sitzt in einem Sessel, Praunheim sitzt nackt auf dessen Lehne und legt einen Arm um sie. Der Heirat mit Aulaulu liegen zudem finanzielle Aspekte zu Grunde; mit dem staatlichen Ehestandsdarlehen finanzierte Praunheim neue Filme.

25 Siehe Praunheim 2012. Alice Kuzniar bezeichnet ihn zudem als »the most prolific maker of queer films worldwide«, siehe Kuzniar 2000, 1.

zusagen ein Nebenprodukt von einer persönlichen Entwicklung, zum Beispiel. Und diese persönliche Entwicklung, die ist mir viel wichtiger.«[26] Durch die intensive Auseinandersetzung mit seiner Sexualität in den Schwulenfilmen beleuchtet er das Sujet aus zahlreichen Perspektiven, verwickelt sich dadurch aber auch in Widersprüche. In NICHT DER HOMOSEXUELLE IST PERVERS wendet sich Praunheim gezielt an ein schwules Publikum und fordert es auf, seine eigene gesellschaftliche Situation zu überdenken. Er kritisiert Rituale und Verhaltensweisen der schwulen Subkultur, in der er selbst lebt. »Ich hatte Angst und Schuldgefühle, hatte ich doch die Subkultur in meinem Film zutiefst verdammt und war der erste, der davon abhängig war,«[27] schreibt Praunheim über seine Gefühle nach der Ausstrahlung des Films.

In ARMEE DER LIEBENDEN ODER REVOLTE DER PERVERSEN (1979) dokumentiert er ebenfalls seine Umgebung, allerdings in Form einer Reportage über die Schwulenbewegung in Amerika. Der in den 70er Jahren teilweise in New York lebende Regisseur begleitet mit der Kamera über mehrere Jahre hinweg die Bewegung und zeichnet das Porträt einer sich im Aufbruch befindenden Generation.

Praunheim selbst teilt sein Privatleben in den Büchern *Sex und Karriere* und *50 Jahre pervers* auf exhibitionistische Weise mit und bringt dieses mit seinem Filmschaffen in Verbindung. Zudem veröffentlicht er mit NEUROSIA und PFUI ROSA! filmische Selbstporträts, die Filmschaffen und Privatleben miteinander verbinden.

26 Rosa von Praunheim im NDR Kulturmagazin 1971, Ausschnitt enthalten in PFUI ROSA!.
27 Praunheim 2001, 178.

Er stellt sich in seinen Filmen selbst aus, und wenn er nicht selbst im Bild zu sehen ist, dann doch seine Ängste, Meinungen und Gefühle. Er selbst wird zum Gegenstand seines Werkes. Michel Foucault fordert in seinen Spätschriften eine Verbindung zwischen Mensch und Kunstwerk. »Richtig zu leben heißt dort [bei Foucault], sich durch einen Prozeß intensiver Selbstdisziplin in ein Kunstwerk zu verwandeln.«[28] Diesen Prozess hat Praunheim verinnerlicht und nutzt die Kunst als Ausdrucksmittel tatsächlich um die von Foucault beschriebene »Hegemonie über das eigene Ich«[29] zu erlangen.

2.3 Selbstbetrachtungen

In NEUROSIA inszeniert Praunheim seinen eigenen Tod. Der Regisseur tritt am Anfang des Films in einem Kinosaal auf, um seine filmische Autobiografie vorzustellen. Aus dem Publikum schallen ihm Buhrufe entgegen, viele seiner Gegner haben sich dort versammelt. Tunten schneiden Grimassen. In einer kurzen Ansprache versucht Praunheim die Argumente seiner Kritiker provokativ zu entwaffnen:

> Vielleicht werden jetzt einige Kritiker meinen, dass man einen autobiografischen Film erst machen kann, wenn man achtzig ist oder scheintot. Aber man hat mir immer wieder vorgeworfen, dass ich meine Darsteller lächerlich mache oder ausbeute [Zwischenruf: »Ausbeuter!«]. Deswegen habe ich mich nun entschlossen, mich selber lächerlich zu machen und auszubeuten. Vielleicht werden

28 Eagleton 1994, 403.
29 Eagleton 1994, 403.

> nun einige sagen, das entspräche nur meinem Exhibitionismus und meiner Eitelkeit. Aber dazu möchte ich demütig bemerken: Verzeiht mir, dass ich so berühmt bin, verzeiht mir meine Schönheit, verzeiht mir meine künstlerische Begabung.[30]

Es fällt ein Schuss, Rosa von Praunheim stürzt zu Boden und das Licht geht aus. Im weiteren Verlauf des Films erhält die Journalistin Gesine Ganzman-Seipel (Désirée Nick) von ihrem Fernsehsender HAU-TV den Auftrag, den Mord an Praunheim zu untersuchen und das Rätsel um seinen verschwundenen Leichnam zu lösen. Ihre Ergebnisse soll sie in einer mehrwöchigen Reportage präsentieren. Ganzman-Seipel erschleicht sich Zugang zu seiner Wohnung und interviewt zahlreiche Bekannte und Zeitgenossen Praunheims, die ein facettenreiches Bild des Selbstdarstellers zeichnen. In die fiktionale Reportagestory um Frau Ganzman-Seipel werden reale Meinungen, Geschichten und Erfahrungen von und mit Rosa von Praunheim eingeflochten. Bekannte Darsteller aus seinen Filmen, wie Luzi Kryn, Evelyn Künneke und Lotti Huber kommen zu Wort, aber auch ehemalige Liebhaber und Gegner. Ganzman-Seipel findet sogar einen Nazi-Drohbrief in Praunheims Büro, in dem ihm Vergasung angedroht wird.

Désirée Nick präsentiert in NEUROSIA Praunheims Leben in betont grotesker Form. Frau Ganzman-Seipel ist der Prototyp alles Spießigen. Für die Reportage über Praunheims Verschwinden und den vermeintlichen Mord muss sie ihr Lieblingsthema, eine Sendung über gemeine Gartenrotschwänzchen, unterbrechen. Nur widerwillig nimmt sie den

30 Filmzitat, Rosa von Praunheim in NEUROSIA.

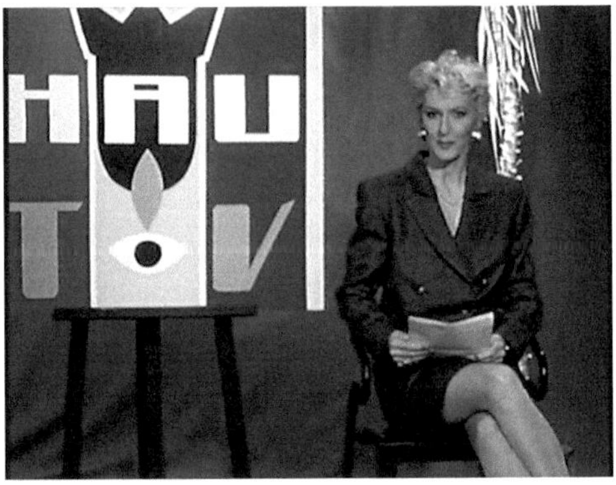

Abbildung 3: NEUROSIA

Auftrag von ihrem Chefredakteur an. Dennoch ist sie für die Aufgabe scheinbar geeignet: Der Bruder ihrer Tante zweiten Grades habe sich wegen Homosexualität behandeln lassen (allerdings erfolglos), sie habe deshalb mit dem Thema etwas Erfahrung. Désirée Nick verkörpert eine punkig karikierte Spießerin, die in sich Unvereinbares miteinander verbindet: einerseits ihre Angewidertheit von Praunheims Leben und Art, andererseits das zur Darstellerin passende Auftreten in extravaganten Kostümen und wasserstoffblonder Kunstfrisur. Nick ist in NEUROSIA tatsächlich so schrill, dass sie von der Literaturwissenschaftlerin Alice Kuzniar in ihren Studien über Praunheims Filme einmal irrtümlicherweise als Transvestit betrachtet wird.[31] Das seinerzeit öffentliche Profil von Nick als Kabarettistin und die von ihr dargestellte Figur stehen konträr zueinander. Mit Nick lässt er eine Gegnerin von einer Sympathieträgerin verkörpern. Durch diese Besetzung »gegen den Strich« erreicht Praunheim eine kritische, aber nie die Sympathie des Publikums verlierende Führung durch sein Werk und Leben. Gegenüber verständnislosen Kritikern setzt Praunheim zu einer taktischen Umarmung an, indem er seine Gegner zu

31 Siehe Kuzniar 2000, 91.

Wort kommen lässt. Kuzniar sieht in NEUROSIA eine geschickt kalkulierte Strategie des Rückzugs:

> She [Désirée Nick] interviews relatives, former friends, and colleagues, most of whom have little good to say about him. Paradoxically the film becomes more a vehicle for these other characters than for its director, a strategy of withdrawal that explains many of von Praunheim's tactics both cinematically as well as politically.[32]

Tatsächlich bringt NEUROSIA zahlreiche interessante Personen in Zusammenhang mit Praunheim, die alle etwas über ihn berichten möchten. »Viel Feind, viel Ehr«, scheint die Prämisse des Films zu sein, wobei fast alle Protagonisten ihre Feindschaft bewusst künsteln und schließlich ihre grundlegende Sympathie für Praunheim bekunden. Der Regisseur wirkt im Verborgenen und behält in der Inszenierung – letztlich im Schnitt – die Kontrolle über sein Werk.

Die Arbeit der Journalistin ist nur eine Travestie der realen Klatschspaltenkolumnisten, die über ihn tatsächlich »Pfui Rosa!« und »Nervensäge der Nation« titelten. Ganzman-Seipel ist keine Gefahr, ganz im Gegenteil. Mit großer Hingabe betreibt sie investigativen Qualitätsjournalismus, indem sie in wochenlanger Arbeit herauszufinden versucht, wer Rosa von Praunheim tatsächlich ist. Am Ende des Films hat sie sich mit ihrem journalistischen Sujet angefreundet und rettet den noch lebenden Rosa von Praunheim aus den Fängen eines Tuntenclans. Auf einem Hausboot halten ihn die vier Tunten, deren Leben er später in TUNTEN LÜGEN NICHT (2002) dokumentiert, fest und zwingen ihn dazu, niedere

32 Kuzniar 2000, 91.

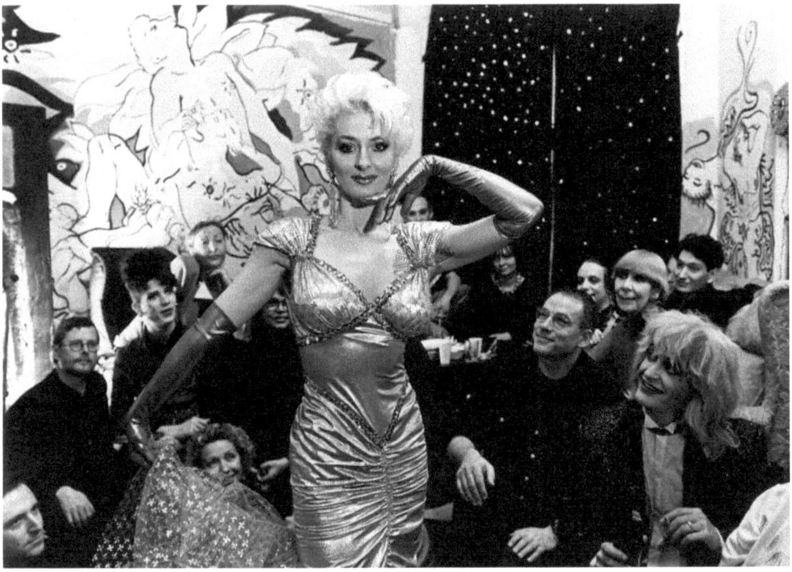

Abbildung 4: Desirée Nick, im Hintergrund Rosa von Praunheim

Arbeiten zu verrichten. »Er gehört zu mir« bricht Désirée Nick singend in das Boot ein. »Alles fangen wir gemeinsam an«, singen die Tunten, dem Rosa von Praunheim nur ein weinerliches »weil ich alleine gar nichts kann« hinzufügt. Er kommentiert dabei seine filmische Arbeitsweise, sich von seinen Darstellern inspirieren zu lassen. Drehbücher und Filme entstehen in Gemeinschaftsarbeit. Praunheim präsentiert sich in Abhängigkeit der von ihm Gefilmten. So wie er den Film mit dem Vorwurf eröffnet, er würde seine Darsteller ausnutzen, so wird dieser durch die gegenseitige Abhängigkeit entkräftet.

Durch selbstironische Offenheit zieht Praunheim den Zuschauer unentwegt auf seine Seite. Mit hämischer Freude können wir Gesine Ganzman-Seipels Eindringen in Rosa von Praunheims Welt und ihre Ablehnung dieser verfolgen. Nachdem sie sein Zimmer betreten hat, findet sie dort zahllose Kondome, Gleitgel und eine Packung Jacutin. Sie stellt sich die Orgien vor, die hier stattgefunden haben, die im Film in einer (alb-)traumhaften Rückblende angedeutet werden. Als sie sich auf seinem Bett erschöpft niederlässt, findet sie eine Flasche Punica. »Der fruchtige Durstlöscher«, liest sie auf dem Etikett. In einer Rückblende ist zu sehen, wie Rosa von Praunheim eben diese Flasche zum Wasserlassen nutzt. Ganzman-Seipels Reaktion beim Öffnen der Flasche ist zu erwarten, entsetzt und angeekelt wendet sie sich ab. Auf ihrer Suche nach »Blut, Sperma und Diskriminierung«[33] hat sie jedoch zahlreiche Funde gemacht, die sie in ihrer Sendung verwerten kann.

In seinem Buch zum Film *50 Jahre pervers* spricht Praunheim hingegen fast ohne Ironie über seine Filme und sexuellen Erfahrungen. Technisch detailliert beschreibt er seine Begegnungen, die in einer Auflistung seiner Sexualpartner eines Jahres münden.[34] »It is not easy to detect irony in these pages; in fact one marvels at its absence«[35], stellt Kuzniar fest. Auch im Buch *Sex und Karriere* ist der Titel Programm. Sexuelle Erfahrungen und Berichte von der Filmarbeit werden miteinander vermengt. Durch diese detailgetreue und chronologische Veröffentlichung seines Privatlebens, etwa auch durch die Publikation seiner Tagebücher 2009 in *Rosas Rache*, gelingt ihm eine scheinbare Distanzlosigkeit, die einen Angriff auf seine Person nur schwer möglich macht.

33 Filmzitat, Ganzman-Seipels Redakteur in NEUROSIA.
34 Siehe Praunheim 1995, 282.
35 Kuzniar 2000, 91.

Sieben Jahre nach Neurosia entsteht abermals ein filmisches Selbstporträt, Pfui Rosa!. Hier begleitet ihn der befreundete Kameramann René Krummenacher durch seinen Alltag. Praunheim erläutert im Film seine Einstellung zu Privatem und Öffentlichem: »Ich finde es wichtig, Privatleben öffentlich zu machen. Vorurteile entstehen aus Ignoranz, aus Gerüchten, aus Angst vor Unbekanntem. Wollen wir, dass sich unsere Einstellung zum Sex ändert, müssen wir lernen, ihm mutig ins Auge zu sehen.«[36] Gleichfalls wird gezeigt, wie Praunheim im Rahmen eines Lehrauftrags am San Francisco Art Institute das Thema Homosexualität wählt und sich selbst als Studienobjekt anbietet. Seine Studenten sollen ihn beim Geschlechtsakt mit einem Pornodarsteller filmen. Praunheim wählt absolute Konfrontation, um sich verständlich zu machen. In *50 Jahre pervers* schreibt er darüber: »Meine Schüler am San Francisco Art Institute stammten meist aus reichen Häusern, das Schulgeld war sehr hoch, und ich konnte mich mit ihren oberflächlichen Interessen wenig anfreunden. Ich hatte nur Spaß daran, sie zu schockieren.«[37] Die in ihrem Verhalten als oberflächlich empfundenen Schüler konfrontiert Praunheim mit einem radikalen Gegenkonzept zum konventionellen Unterricht. Im von Deutschen ohnehin oft als prüde empfundenen Amerika werden die Schüler mit ihrer eigenen Scham konfrontiert und »gezwungen«, sich filmisch mit Sexualität zu beschäftigen.

Zudem sind in Pfui Rosa! zahlreiche Fernsehausschnitte aus Talkshows der 90er Jahre zu sehen. In Interviews stellen nicht immer nur die Moderatoren die Fragen, sondern Praunheim fordert diese provoka-

36 Filmzitat, Rosa von Praunheim in Pfui Rosa!.
37 Praunheim 1995, 225.

tiv durch Gegenfragen heraus. Als er über sein Sexualleben befragt wird, stellt er die gleiche Frage dem Moderator.[38] Sogar einem Priester stellt er in der Talkshow LIVE AUS DER ALTEN OPER im ZDF die Frage nach seinem Sexualleben.[39] Durch die Veröffentlichung seines Lebens wird Praunheim insofern unangreifbar, dass ihm keine indiskreten oder unangenehmen Fragen gestellt werden können. Im Gegenzug kann er Gegner und Kritiker sehr schnell in peinliche Berührtheit bringen. Er greift Menschen in ihrer Ehre, ihrem Stolz und ihren sittlichen Gefühlen an, wenn ihm diese seinen eigenen Stolz verwehren. In *50 Jahre pervers* beschreibt er die gesellschaftliche Situation, unter der er als Jugendlicher zu leiden hatte: »Wie sehr hätte es mir, dem bürgerlichen Holger, in meiner persönlichen Entwicklung geholfen, wenn ich in den fünfziger Jahren offen Schwule gekannt hätte, wieviel hätte es mir an Verklemmungen, an hilfloser Identitätssuche erspart!«[40]

In einem ARTE-Themenabend zu AIDS wird er augenzwinkernd als »Enfant Terrible« vorgestellt.[41] Diese Einleitung aufgreifend, nimmt er ein Rotweinglas, dessen Inhalt er bedeutungsvoll auf das weiße Tischtuch kippt und das Glas an der hinter ihm liegenden Fensterfront zerschmettert, um danach den Papst sowie das Sendekonzept zu kritisieren. Praunheim inszeniert Medienaufmerksamkeit. Er ist der Einzige, der in dieser Gesprächsrunde Rotwein trinkt, den er offenbar gezielt für diese Inszenierung bestellt hat.

---

38 In SWR WORTWECHSEL 1989, Ausschnitt enthalten in PFUI ROSA!.
39 In ZDF LIVE AUS DER ALTEN OPER 1990, Ausschnitt enthalten in PFUI ROSA!.
40 Praunheim 1995, 36.
41 In ARTE »Themenabend AIDS« 1996, Ausschnitt enthalten in PFUI ROSA!.

Scheinbar betrübt berichtet er in PFUI ROSA! von Auftrittsverboten in deutschen Sendeanstalten, besonders nach seinen Outing-Skandalen, in denen er Hape Kerkelings und Alfred Bioleks Homosexualität öffentlich machte. Die Pressereaktionen beschreibt er in 50 Jahre pervers hingegen offenkundig als erheiternd: »Die ›Bild-Zeitung‹ schreibt: ›Pfui, Rosa!‹, die ›Bunte‹ wählte mich Ende 1991 zum Verräter des Jahres, der ›Stern‹ schrieb über die ›Scheinheiligkeit des Starschwulen Rosa von Praunheim‹. Ich liebe es.«[42] Praunheims Themen und Diskussionen benötigen Öffentlichkeit, die ihm die Regenbogenpresse auf der Suche nach Skandalen bietet.

Auch seine Filme selbst sind oft von Verboten beeinträchtigt. Sein Cutter Mike Shephard spricht in PFUI ROSA! beinahe wehmütig lächelnd vom Verbot des Films TODESMAGAZIN, in dem Hinrichtungen und Kriegsbilder aus dem Heute-Magazin zu Punkmusik montiert sind. Durch die Herausforderung von Verboten und Skandalen erreicht Praunheim stets hohe Aufmerksamkeit und Publizität, die an späterer Stelle genauer untersucht werden.

Praunheim zeigt in PFUI ROSA! im Gegensatz zu NEUROSIA auch viele eigene Ängste. In Ausschnitten aus seinem Videotagebuch sind traurige Momente, Einsamkeit und Selbstzweifel zu sehen. »Jeden Abend vor dem Schlafengehen halte ich meine Eindrücke mit der Kamera fest. Es ist ein ganz intimer Prozeß. Ich stelle die Kamera ein, drehe das Licht an, setze mich bequem hin. Die Kamera ist mein Psychiater«[43], schreibt Praunheim. Video ist für Praunheim ein Mittel zur Selbstreflexion, seine

42 Praunheim 1995, 11.
43 Praunheim 1980, 30.

Filme funktionieren ähnlich wie das Videotagebuch – mit dem Unterschied, dass sie einer breiten Öffentlichkeit vorgeführt werden.

Mit seinem Alter setzt sich Praunheim in der Eröffnung von PFUI ROSA! auseinander. Während im Off der Kommentartext von NICHT DER HOMOSEXUELLE IST PERVERS über die grausamen Erfahrungen alternder Schwuler und deren Zwangserhalt einer äußerlichen Jugend läuft, sehen wir ihn in aufwändigen Kostümen, betrübt dreinschauend in seiner Wohnung sitzen. Die negativen Aussagen des Filmkommentars widerlegt Praunheim, indem er sich als vitaler, erfolgreicher Mann präsentiert, dem man die 59 Lebensjahre kaum anzumerken scheint.

3. Filmgestaltung

»In 51 Lebensjahren drehte er fast 50 Filme. Sie waren allesamt amateurhaft, naiv und von erschreckendem Dilettantismus. Und darauf war er auch noch stolz.«

Gesine Ganzman-Seipel in NEUROSIA

3.1 Visuelle Auffälligkeiten

3.1.1 Farben

Bereits der Begriff »Rosa« ist eine Provokation. Einerseits sorgt der Name Rosa von Praunheim zunächst für geschlechtliche Verwirrung, andererseits stellt auch die mit dem Namen assoziierte Farbe bürgerliche ästhetische Vorstellungen auf die Probe. Medienwissenschaftler Klaus Kreimeier sieht in der Nutzung der Farbe eine Grenzüberschreitung, weil die Farbvorschriften der bürgerlichen Geschmackskultur überschritten würden:

> Das Rosa der Schwulenbewegung ist ja auch eine optische Provokation – nicht nur weil Rosa in der volkstümlichen Farbsymbolik in der Regel dem weiblichen Geschlecht zugeordnet wird. Mit dieser Farbe assoziieren wir auch: Weiches, Zartes, Haut, Fleisch, die Genitalien – also alles, was die Mode, wie raffiniert auch immer, den Blicken verbergen soll.[44]

Tatsächlich wird Rosa häufig als Modefarbe eingesetzt und entgegen Kreimeiers Feststellung dient moderne Mode auch oft dazu, sexuelle

44 Kreimeier 1984, 14f.

Phantasien anzuregen. Die Farbe Rosa dient allerdings meist als pastellfarbener Akzent und tritt nicht in Form von knallrosa Kostümen auf, wie sie von Darstellerin Luzi Kryn getragen werden. Oft hat Praunheim in Interviews erwähnt, dass er sich die Farbe Rosa gewählt habe, um an den Rosa Winkel der NS-Zeit zu erinnern. Homosexuelle mussten in Konzentrationslagern dieses Erkennungszeichen tragen. Rosa ist jedoch auch seine Lieblingsfarbe.[45] Neben den von Kreimeier genannten Assoziationen hat die Farbe gleichfalls eine starke Signalwirkung. Durch rosa Plakate und Schrifttafeln macht er mit seinem Film Nicht der Homosexuelle ist pervers aufmerksam. Luzi Kryn im rosa Kleid oder gar mit einer knallig pinken Perücke ist ebenso ein Signal, ein wandelndes Ausrufezeichen. Praunheim selbst tritt gelegentlich im rosa Sakko auf. Die Farbe Rosa ist in Praunheims Filmen jedoch meist nicht besonders präsent. Nur

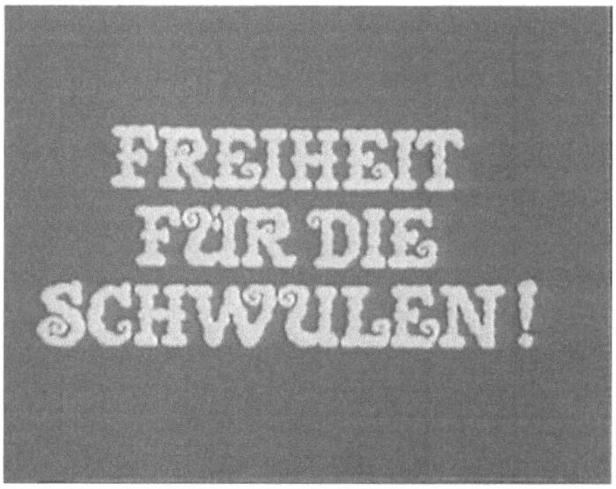

Abbildung 5: Texttafel in Nicht der Homosexuelle ist pervers: weiß auf rosa Grund.

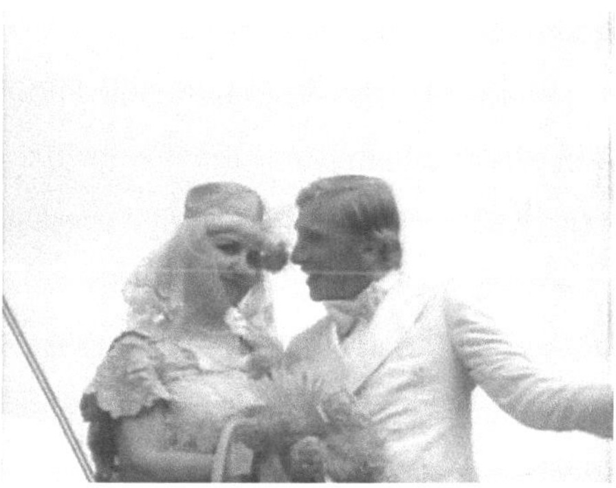

Abbildung 6: Luzi und Dietmar in Berliner Bettwurst mit rosa Brautkleid.

45 Siehe Praunheim 1995, Vorwort.

gelegentlich setzt sie Aufmerksamkeit hervorrufende Akzente. In ROSA ARBEITER AUF GOLDENER STRASSE - 1. TEIL und - 2. TEIL weckt die Farbnennung im Titel der Schwarz-Weiß-Filme zahlreiche Assoziationen. »[S]chon der Titel verkündet lauthals, daß hier Unvereinbares erstaunlich kopulieren wird. [...] [D]as schwule Rosa gegen das proletarische Rot!«[46]

Entgegen der durch den Titel geweckten Erwartung handelt der Film nicht von der Vereinbarkeit von Kommunismus und Homosexualität, die Filmbetitelung dient der Verunsicherung. Das mit Rot assoziierte, schweißtriefende und maskuline Proletariat trifft auf das weibliche oder gar tuntenhafte Rosa auf einer goldenen Straße. Der Titel evoziert Bilder, deren Inhalte von Kreimeier zurecht als unvereinbar bezeichnet sind. Im Film selbst werden dann verschiedenfarbige Ideologien diskutiert. Der Regisseur des Films, also Rosa, setzt sich mit linker Ideologie, dem Roten, auseinander. Visuell findet jedoch im Schwarz-Weiß-Film keine Auseinandersetzung zwischen Rot und Rosa statt.

Kreimeier stellt in Praunheims Farbfilmen die Bevorzugung der Farben Rot und Blau fest und führt als Beispiele die Farbkontraste in NICHT DER HOMOSEXUELLE IST PERVERS, die prunkvolle Ausstattung in AXEL VON AUERSPERG (1974) und die kontrastreichen Kulissen und Kostüme in MONOLOG EINES STARS an.[47] In NICHT DER HOMOSEXUELLE IST PERVERS ist diese Ästhetik noch sehr zurückhaltend: Daniel liebt seinen ersten Freund in einem roten Zimmer, im Haus des reichen Verführers gibt es rote Wände und blaue Vorhänge (auch wenn das Haus sonst größtenteils weiß

46 Kreimeier 1984, 7.
47 Siehe Kreimeier 1984, 15.

ist) und der alte Schwule, der vor dem Klohäuschen zusammengeschlagen wird, trägt ein knallrotes Hemd. Auffälliger ist allerdings, dass die Schläger genauso schwarz gekleidet sind, wie die in einer vorherigen Szene gezeigten, friedlichen Lederschwulen: Männlichkeitsmythen und -ideale stoßen aufeinander.

In Horror Vacui (1984) findet sich eine sehr ausgeprägte Farbgestaltung, die warme und kalte Farbelemente miteinander kollidieren lässt. Die gesamte Welt der Sektenführerin Madame C. (Lotti Huber) ist in kalten, blauen Kulissen dargestellt. Nur einige rötliche Bilder und manche Kostüme der Hauptfiguren setzen Akzente. Madame C., ihr Gehilfe Friedrich (Friedrich Steinhauer) und die Journalistin (Ingrid van Bergen) tragen oft rote Kleidung und in den Gemächern von Madame C. prangt ein rotes Auge an der Wand, das gleichermaßen Gefahr und Verführung symbolisiert. In Anita – Tänze des Lasters (1987) findet sich eine ähnliche Farbgestaltung. Die dort gezeigte Nachtwelt der 1920er Jahre schwingt ebenso zwischen Verführung und Gefahr. Farbige Lichtakzente verdeutlichen dies. Horror Vacui und Anita sind Filme, die sehr eindringlich zeigen, wie Praunheim mit Farben Räume gestaltet. Gleichermaßen gibt es in Anita auch Sequenzen in schwarz-weiß, die eine andere Zeit- und Realitätsebene kennzeichnen. Ähnliche Sprünge zwischen Schwarz-Weiß und Farbe sind in Axel von Auersperg und Schwestern der Revolution (1969) zu beobachten, wodurch die Farbigkeit anderer Sequenzen nochmals hervorgehoben wird.

Im Kontrast zu diesen klaren Farbkompositionen dominiert in anderen Filmen Buntes und Schrilles. Der Farbkünstler David Batchelor stellt in seiner Untersuchung »Chromophobia« eine grundlegende Angst der westlichen Welt vor Farben fest:

> [C]olour has been the object of extreme prejudice in Western culture. [...] It is, I believe, no exaggeration to say that, in the West, since Antiquity, colour has been systematically marginalized, reviled, diminished and degraded. Generations of philosophers, artists, art historians and cultural theorists of one stripe or another have kept this prejudice alive, warm fed and groomed. As with all prejudices, its manifest form, its loathing masks a fear: a fear of contamination and corruption by something that is unknown or appears unknowable. This loathing of colour, this fear of corruption through colour, needs a name: chromophobia.[48]

In Die Bettwurst, Berliner Bettwurst (1975), Unsere Leichen leben noch und Stadt der verlorenen Seelen (1983) zeigt Praunheim vielfarbige Wohnlandschaften. Angesichts des Ausstattungsdschungels dieser Wohnungen kann der Zuschauer entsprechend Batchelors Feststellungen nur Unbehagen, zumindest Unsicherheit empfinden. Die Filmwissenschaftlerin Wendy Everett bemerkt, dass scheinbar unpassende Farben zwar frustrieren, allerdings auch unsere Neugier wecken können.[49] Praunheim erzeugt diese Neugier oft durch eine komplette farbdramaturgische Entästhetisierung.[50] Dabei folgt seine Farbgestaltung nicht zwangsläufig einem logischen Muster, sondern dem freien, spontanen

48 Batchelor 2002, 22f.

49 Siehe Everett 2007, 112. »One of the most obvious ways in which colour draws attention to itself, is by being used unpredictably or in what appears to be the ›wrong‹ place, so that the spectator may be frustrated and/ or intrigued.«

50 Ästhetisch wird in diesem Fall im alltäglichen Sinne als »geschmackvoll« definiert, wobei Praunheim den »guten Geschmack« umgeht. Praunheim entwickelt hierdurch eine eigene Ästhetik, die der gesellschaftlichen Begriffsdefinition und Ästhetisierungsnorm konträr entgegensteht.

ästhetischen Empfinden des Regisseurs. So erklärt er, warum Teile des Films SCHWESTERN DER REVOLUTION schwarz-weiß, andere Teile farbig sind: »Hier mußte ich in Farbe drehen, da es die gesunde Gesichtsfarbe meiner Tante nicht anders zuließ.«[51] Susanne Marschall stellt in ihrer Habilitationsschrift über Filmfarben eine hohe Verwechslungsgefahr beim Zuschauer von Farben im Film mit Farben des Alltags fest. »Aufgrund des vermeintlichen Abbildcharakters gerade von Spielfilmszenen werden Farben auf der Leinwand mit Farberscheinungen, wie sie uns allenthalben im Alltag begegnen, verwechselt.«[52] Bei Praunheim werden die alltäglichen Farben aus Luzi Kryns Wohnung in DIE BETTWURST und BERLINER BETTWURST ungefiltert und ohne strukturierende Inszenierung in den Film übernommen. Alltägliche und filmische Farbwelt kollidieren. Im Vergleich mit Praunheims in klaren Farbtönen gestalteten Filmen ist diese Kollision besonders auffällig. Praunheims Spielfilme lassen sich deshalb farbgestalterisch in zwei Kategorien unterteilen – sorgfältige Farbgestaltung in Werken wie HORROR VACUI und ANITA, buntes Chaos hingegen in DIE BETTWURST oder UNSERE LEICHEN LEBEN NOCH. Durch die Filme der ersten Kategorie fallen die der zweiten Kategorie noch stärker auf.[53] Farbige Alltagsgegenstände werden ungeniert miteinander zu abenteuerlichen Kombinationen gebracht. Marschall führt zudem Rudolf Arnheims Untersuchungen über Filmfarben an:

> Arnheim, der zu den führenden Kunstwissenschaftlern zählt und als Gestaltpsychologe immer die Grundgesetze der menschlichen

51 Praunheim 1991, 122.
52 Marschall 2005, 22.
53 Ausgenommen hiervon sind Dokumentarfilme, in denen der Einfluss des Regisseurs auf die Farbgestaltung naturgemäß nicht immer gegeben ist.

> Wahrnehmung in seine Überlegungen einbezieht, weiß um die Kompositionsprobleme, die aus der Vielfalt der Farbtöne resultieren und zu Disharmonie oder zu Strukturlosigkeit im Bild führen können.[54]

Es scheint, als wollte Praunheim durch die erzeugten Disharmonien gezielt Verwirrung beim Zuschauer stiften. Praunheims angewendete Form der Farbästhetik widerspricht sowohl dem alltäglichen Empfinden eines »guten Geschmacks« als auch der traditionellen Filmästhetik, in der klare farbliche Konturen vorherrschen. Die bunten und schrillen Nippeswelten in Luzis Wohnung folgen eigenen Gesetzen, deren ästhetische Grundlagen in der Wertschätzung des Kitsches liegen.

3.1.2 Kitsch

> Im Speisezimmer der alternden Damen in UNSERE LEICHEN LEBEN NOCH verrankt sich die Schnörkelsprache der Requisiten, der Kerzenleuchter und Ziermöbel mit den exotischen Pflanzen, dem Muster der Sofadecken, mit Lichtspiralen und bunten Wassersäulen, schließlich mit den Wandbildern und der Blumentapete zu einem artifiziellen Urwald, in dem Geheimnisse und Gefahren lauern.[55]

Praunheim setzt die fünf Protagonistinnen des Films in einer Wohnung mit thematischen Dekorationen aus. Im lockeren Rahmen der Filmhandlung lädt Lotti Huber vier Frauen anlässlich einer von Praunheim initiierten Ausstellung über die Frau der 30er Jahre in ihre Wohnung ein. Die Frauen sollen sich eine Woche vor der Ausstellung genau-

54 Marschall 2005, 24.
55 Kreimeier 1984, 16.

er kennen lernen. Den Charakteren der Frauen entsprechend, wurde jeder von ihnen ein passendes Zimmer eingerichtet: ob nun im indischen Dekor, mit kommunistischen Artefakten oder auch mit Totenköpfen – nicht immer zur Freude der Bewohnerinnen. Als die Kriminaljournalistin Madlen Lorei ihr Zimmer bezieht, beschwert sie sich über das dort hängende Bild einer »Traditionslesbe mit Zigarre«. Eine junge Frau mit blondem Haar wäre ihr lieber gewesen. Lotti Huber hingegen wohnt in einem Zimmer mit Urwaldtapete, zusammen mit ihrer Schlange Esmeralda. Passend dazu wird sie in einer Nacht von einem großen Gorilla überfallen. Eine weitere Bewohnerin der Frauen-WG ist Luzi Kryn, deren Zimmer im Film allerdings nicht gezeigt wird.

Ihre berühmteste Rolle hat »Tante Luzi« in Die Bettwurst, wo Praunheim viele Kitschobjekte kleinbürgerlicher Lebensart ausstellt. Bemerkenswert ist, dass er den Film in Luzis Kieler Originalwohnung drehte, ohne diese zu verändern. So ist der Spielfilm ein Dokument zeitgenössischer bürgerlicher Wohnkultur und Rituale. In Die Bettwurst trifft Luzi den Junggesellen Dietmar (Dietmar Kracht), der zum ersten Mal in Kiel ist. Bald ziehen die beiden zusammen in Luzis Wohnung. Dietmar lobt ohne bewusste Ironie ihre Einrichtung: »Das ist ja herrlich hier, wunderbar, alles so geschmackvoll eingerichtet ist. Dagegen meine Junggesellenwohnung in Berlin ... ist das hier ja direkt ein Himmelreich.«[56] Es folgt ein Schwenk, der Luzi dabei im Wohnzimmer begleitet, wie sie die von Dietmar mitgebrachten Plastikblumen in eine Vase stellt. Ein Schwenk vorbei an dunkler, braun-roter Tapete über eine braune Pols-

56 Filmzitat, Dietmar Kracht in Die Bettwurst.

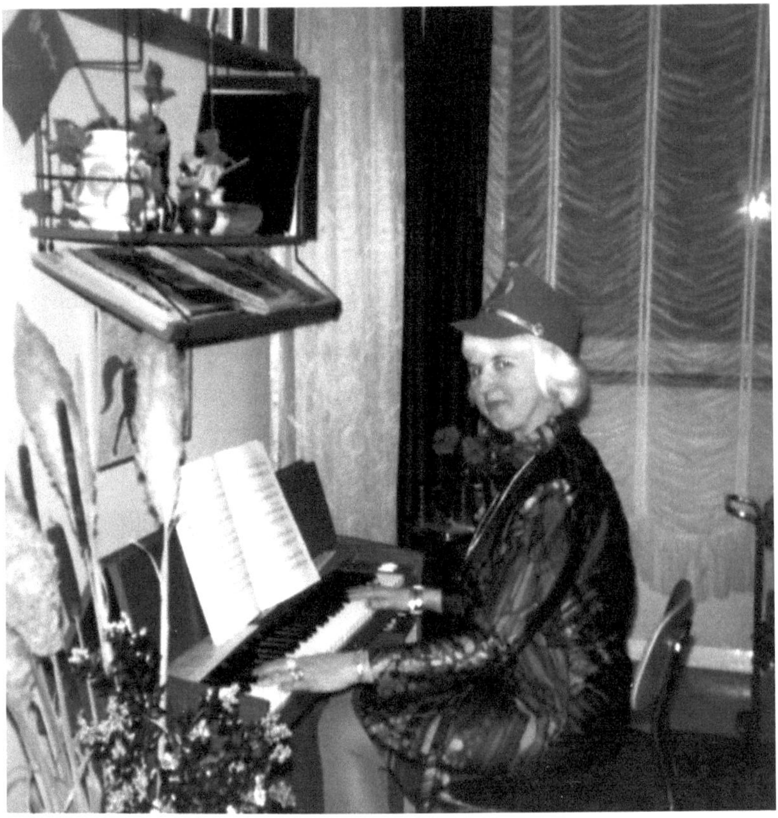

Abbildung 7: Bettwurst-Wohnung

tergarnitur, einen Sofatisch mit einer blau gemusterten Tischdecke, auf der etwas Obst und ein goldfarbiges Kaffeeservice stehen, hin zu einem Beistelltisch mit Kerzen, Nippes und zahllosen nicht erkennbaren Kleinigkeiten. Die graue Auslegeware wird größtenteils von einem Perserteppich bedeckt, an der Wand hängt ein vergilbtes Landschaftsbild mit Goldrahmen. Zudem sind im Zimmer eine Vitrine und ein Fernseher, auf dem eine Schale steht, erkennbar.

> Was gemeinhin ›schlechter Geschmack‹ heißt, kennt keine anderen Gesetze als die Einflüsterungen der Wünsche. Gemessen an den Stilvorschriften einer aufgeklärten Wohnkultur ist etwa die Wohnung Luzi Kryns in DIE BETTWURST reine Anarchie: sie lebt in einem Traumkitsch-Dschungel der kleinbürgerlich-proletarischen Devotionalienkultur – exotisch in seiner Fülle von Verstößen gegen den guten Geschmack.[57]

Rosa von Praunheim konterkariert die Kitschlastigkeit des kleinbürgerlichen Geschmacks. Luzi selbst holt sich ihre Einrichtungsideen aus dem Fernsehen und aus Katalogen. Am Anfang von DIE BETTWURST posiert sie vor ihrem Vorhang in der Gardinenwerbung[58] nachempfundenen Posen. Auch in der Fortsetzung BERLINER BETTWURST versucht sie die Körperhaltungen von Models nachzuahmen. Der Kontrast zwischen Ideal und Realität ist nicht zu übersehen und macht die Unvereinbarkeit von gehobener ästhetischer Lebensart und Bürgerlichkeit bewusst. Praunheim sieht in Luzi eine »außergewöhnliche Schönheit«[59], wobei der Begriff »außergewöhnlich« mehrere Deutungsweisen zulässt. In BERLINER BETTWURST richtet Praunheim Luzis und Dietmars Filmwohnung komplett ein und stellt sie mit Massen von Kitschobjekten voll. Keine Tapete gleicht der anderen, die beiden Darsteller wirken wie in einem Museum hauswirtschaftlicher Kuriositäten. Dies scheint sich als Fehler zu erweisen: Die Übertreibung ist hier nicht mehr glaubhaft. Dennoch bietet die Wohnung des Paares in BERLINER BETTWURST einen eindrucksvollen Kontrast zu deren Umgebung: Das Paar besichtigt graue, lieblose Häuser-

57 Kreimeier 1984, 13.
58 Sie ahmt dabei die Körperhaltung von Marianne Koch aus der Fernsehwerbung für Ado-Gardinen nach.
59 Siehe Praunheim 2006, o. S..

blocks, um in Berlin eine Wohnung zu finden, und richtet sich ein buntes und farbenfrohes Nest ein. Der triste Alltag wird in dieser Wohnwelt durch goldene und blaue Gardinen ausgeschlossen. In dieser persönlichen Idylle zählt nur das Wohlbefinden der beiden, nicht etwa ein objektiver Ästhetizismus. Kreimeier beschreibt die kleinbürgerliche Affinität zum Kitsch anhand der Filme Praunheims:

> Die Verehrung, die hier stattfindet, ist ohne Doppelbödigkeit; die Liebe aufrichtig. Offensichtlich sind die Massen so geschmacklos, im Kitsch ein Glücksgefühl, vielleicht auch nur die Sehnsucht nach einem Glück festzuhalten, dessen Vernichtung in der Praxis der bürgerlichen Gesellschaft abgeschlossen und dessen Unwiederbringlichkeit unter den Gebildeten längst stillschweigende Übereinkunft ist.[60]

Eine ähnliche Möglichkeit zur Glückssuche bieten den Figuren in Praunheims Filmen ebenfalls kitschige, religiöse Götzenbilder und Devotionalien. In DIE BETTWURST erleben Dietmar und Luzi ihre erste gemeinsame Liebesnacht. Über ihr gegenseitiges Liebesbekenntnis schwenkt und zoomt die Kamera zu einem neben dem Bett hängenden Marienbild. Das Licht geht aus, doch das Bild wird mit kleinen Lämpchen erleuchtet und scheint über das Geschehen zu wachen. Eine ganze Ausstaffierung mit katholischen Zeichen bietet AXEL VON AUERSPERG. Besonders der innerfilmische Wechsel zwischen Schwarz-Weiß- und Farbfilm macht den Reichtum der Ausstattung bewusst: »Der Film, schwarzweiß bisher, wird farbig, und alle Schätze der Welt prasseln auf Axel und Sara hernieder.«[61] Evelyn Künnecke spielt einen mit überzeichne-

60 Kreimeier 1984, 8.
61 Kuhlbrodt 1984, 140.

ten christlichen Symbolen geschmückten Archidiakon und in den Kulissen findet sich ein karikierter Altar, vor dessen Kreuz ein Herz gehängt wurde. Das ZDF als Auftraggeber ließ Teile des Films zensieren und begegnete Praunheims Versuch einer vollständigen Vorführung mit einer einstweiligen Verfügung.[62] Man wollte die religiösen Gefühle der Zuschauer nicht verletzen.

Praunheims Verhältnis zur Religion ist durch die Nutzung katholischer Symbolik in Axel von Auersperg und Die Bettwurst schwer zu erschließen. Im Reisefilm LEIDENSCHAFTEN (1972) werden christlich-sakrale Elemente gezeigt, wir sehen Hauptdarsteller Fritz Mikesch aber auch vor einem indischen Hakenkreuz beten. Praunheim nutzt die Symbolkraft religiöser Zeichen. Als Kind war er selbst Messdiener, laut eigenen Angaben reflektiert er diese Zeit jedoch zunächst nicht bewusst in seinen Filmen.[63] Dennoch stellt er eine andauernde Wirkung der kirchlichen Erziehung auf seine Sexualität fest: »[E]in Rest in meinem Unterbewusstsein akzeptiert Sexualität nicht.«[64] Erst in ROSAS HÖLLENFAHRT setzt er sich explizit mit dem Thema Religion sowie seiner eigenen auch durch Bestrafungsangst geprägten katholischen Erziehung auseinander.

In seinen Filmen zeigt er stets ein kritisches Interesse an Religion: In ARMEE DER LIEBENDEN interviewt er Mitglieder einer schwulen Kirche und zeigt Aktivisten einer schwulen Synagoge; im Zusammenhang mit AIDS kritisieren seine Filme oft kirchliche Moral, und in VOR TRANSSEXUELLEN WIRD GEWARNT (1996) beschimpfen christliche Fundamentalisten die Porträtierten. In SCHWULER MUT – 100 JAHRE SCHWULENBEWEGUNG (1998) zün-

62 Siehe Kuhlbrodt 1984, 143.
63 Siehe Müller 1989, 18.
64 Rosa von Praunheim, zitiert in Gessler 2007.

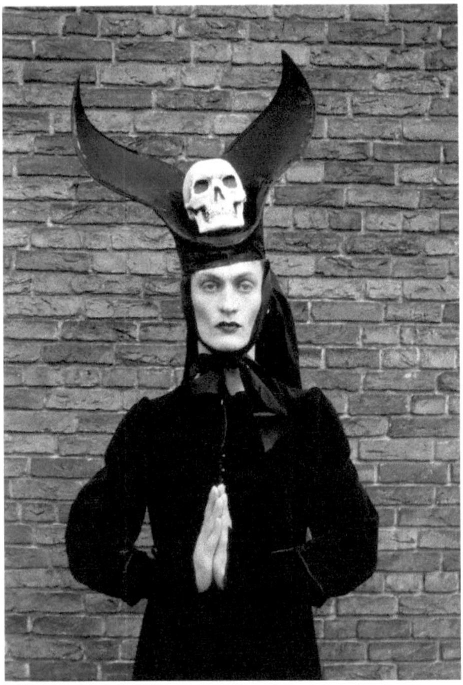

Abbildung 8: Schwuler Mut

det sich Ovo Maltine, als Nonne verkleidet, mit einem Kruzifix-Feuerzeug eine Zigarette an, während sich die Journalistin Ganzman-Seipel in NEUROSIA zwischen dem Griff zur Bibel oder dem Griff zum Telefon entscheiden muss. Praunheim nutzt die Religion häufig als Fundus für Symbole und Kitsch, findet in Fundamentalisten aber auch Feindbilder wie Anita Bryant in ARMEE DER LIEBENDEN. Bryant, die in Bezugnahme auf die Bibel Homosexuelle mit Verbrechern und Mördern gleichsetzt, nutzt Praunheim als Provokation zu Gegenreaktionen.

3.1.3 Dilettantismus

»In 51 Lebensjahren drehte er fast 50 Filme. Sie waren allesamt amateurhaft, naiv und von erschreckendem Dilettantismus. Und darauf war er auch noch stolz.«[65]: Wie eingangs zitiert stellt die Journalistin Gesine Ganzman-Seipel in Neurosia das Lebenswerk Rosa von Praun-

65 Filmzitat, Gesine Ganzman-Seipel in NEUROSIA.

heims vor. Tatsächlich nimmt die technische Gestaltung für Praunheim nur einen geringen Stellenwert in der Produktion seiner Filme ein. Hier zeigt sich ein Einfluss durch die Kuchar-Brüder. Mit der Kurzfilmdokumentation PORTRAIT GEORGE AND MIKE KUCHAR (1977) drückt Praunheim seine Bewunderung für ihre unabhängige Low-Budget-Produktionsweise aus. Wie die Kuchars arbeitet Praunheim mit Amateurdarstellern und entwickelt unter Missachtung technischer Grundregeln eine trashige Ästhetik.[66] »Ich habe mich Zeit meines Lebens gegen Technik gewehrt. Ich habe zum Beispiel nie gelernt, wie man einen Belichtungsmesser abliest, und trotzdem bei über zwanzig Filmen selbst Kamera gemacht.«[67] Diese Herangehensweise fällt beim Sichten der Filme freilich auf. So sind in MACBETH OPER VON ROSA VON PRAUNHEIM (1971) die Protagonisten aufgrund falscher Belichtungswerte oft nur undeutlich zu erkennen[68], DIE BETTWURST hat die bildgestalterische Ästhetik eines Home-Videos und in ARMEE DER LIEBENDEN wirken viele Zooms und Schwenks wie filmisches Rohmaterial. Dietrich Kuhlbrodt attestiert Praunheim eine »Aggression gegenüber dem Medium«[69], zumal der Ton in MACBETH über ein im Bild verstecktes Tonbandgerät eingespielt wird und somit das raue und ungeschliffene Aussehen des Films unterstützt.[70]

66 In Rosa von Praunheims Filmen ROTE LIEBE, POSITIV, SCHWEIGEN = TOD und AFFENGEIL führt zudem Mike Kuchar die Kamera.
67 Praunheim 1995, 59f.
68 Hierfür macht Praunheim allerdings den Kameraassistenten und die Materialentwicklung verantwortlich, siehe Praunheim 1991, 134.
69 Kuhlbrodt 1984, 100.
70 Siehe Kuhlbrodt 1984, 103f. Dieser Effekt wurde zudem genutzt, um der Zahlung von GEMA-Gebühren zu entgehen, die bei nachträglicher Einbindung eines Soundtracks in den Film entstehen.

Auch Praunheims Darsteller sind meist Laien und tragen mit einem naiven Schauspielstil zu den Filmen bei. Auf eine korrekte Ausführung der Szenen scheint kein Wert gelegt zu werden. In ROTE LIEBE wird eine der Schauspielszenen durch ein spuckendes Pferd gestört. Als die Darsteller lachen und ihre Szene kaum zu Ende spielen können, läuft die Kamera weiter, das eigentliche Outtake wird ungeschnitten in den Film übernommen. In DIE BETTWURST passt der amateurhafte Filmstil zum Inhalt. Luzi und Dietmars Geschichte ist genauso alltäglich und unperfekt wie die Mittel, mit denen sie erzählt wird. Viele Bildhintergründe sind überstrahlt und bei Nachtaufnahmen ist am Lichtfall deutlich zu erkennen, wo ein Scheinwerfer steht - wie in frühen Familienvideos. Teilweise sind sogar Praunheims Regieanweisungen im Film zu hören. Als Luzi in ihrem Schrebergarten einen Nachbarshund begrüßt, läuft sie ihm entgegen und überschüttet ihn mit Liebkosungen. Wie viele Szenen des Films ist diese ungeschnitten und zieht sich in die Länge. Bevor Luzi aufhört, ist im Hintergrund die Stimme des Regisseurs zu vernehmen: »Jetzt komm zurück«, woraufhin sich Luzi vom Hund abwendet und der Anweisung Folge leistet. DIE BETTWURST konterkariert in ihrer Gestaltung die professionelle Filmindustrie, zumal besonders am Ende des Films mit der Entführung Luzis und der Verfolgung durch Dietmar klassische Hollywood-Dramaturgien parodiert werden. Gleichermaßen wird eine Immersion des Zuschauers unterbunden, indem durch die raue Machart die Eigenarten des Aufzeichnungsmediums bewusst bleiben. Als Luzi das Grab ihrer Mutter besucht, verweilt sie nach dessen Pflege vor dem Grabstein. Im Bild sichtbar ist der Friedhof mit vielen anderen Gräbern und Bäumen. Auf akustischer Ebene singen Vögel, diese werden jedoch zeitweilig von viel lauteren Verkehrsgeräuschen übertönt. In der Nähe des Aufnahmeortes scheint sich eine Straße zu befinden. Amateurfilmern ist diese Problematik der unpassenden Atmo bekannt. Praunheim verdeutlicht dem Publikum in Szenen wie diesen, dass ihn technische Details nicht interessieren. Gleichermaßen stellt er sich mit dem Zuschauer auf eine Ebene, indem er Filme macht, die technisch Jedermann hätte realisieren können.[71] Insofern wird die Distanz zwischen Filmemacher und Publikum überbrückt. So wie er sich in der WDR-Gesprächsrunde im Anschluss an die Erstausstrahlung von NICHT DER HOMOSEXUELLE IST PERVERS mit der Gruppe der schwulen Diskussionsteilnehmer solidarisiert und sich auf ihre Seite setzt[72], so solidarisiert er sich in DIE BETTWURST mit Luzi, Dietmar und seinem Publikum. Der unprätentiöse Film überrascht durch filmische Naivität und Zwanglosigkeit.

Gleichermaßen gelingt es Praunheim durch diese Form des Dilettantismus, Angriffe auf seine Produktionen abzuwehren. Zwar kann man den Filmen die offensichtliche »Amateurhaftigkeit« unterstellen, doch lässt sich jede Kritik abweisen, wenn gar keine Perfektion gewollt und sogar eine trashige Ästhetik gewünscht ist. So unterschiedliche Filme wie NEUROSIA, TODESMAGAZIN, ROTE LIEBE oder CAN I BE YOUR BRATWURST, PLEASE? (1999) enthalten gleichermaßen überraschende Splatter- und

71 Zu beachten ist: Schmalfilmkameras und -projektoren wurden in den 70er Jahren für den Heimgebrauch erschwinglich, so dass sich Familienvideos als Ergänzung zur Fotografie einer immer größeren Beliebtheit erfreuten. Auch zahlreiche Amateurfilmprojekte wurden durch die nun preisgünstigen Produktionsmethoden ermöglicht.

72 WDR Fernsehen 1973, Ausschnitt enthalten in PFUI ROSA!.

Trashelemente und zeigen, dass Praunheim seine Filme mit Humor betrachtet. In NEUROSIA werden von den Tunten scheinbar die Gedärme des entführten Rosa von Praunheim in einer Küchenmaschine zerkleinert, in ROTE LIEBE ermordet Wassilissa (Sascha Hammer) ihren Liebhaber Wolodja (Mark Eins) nach dessen Untreue mit einem Plastikdolch und Unmengen von Blut spritzen, während in CAN I BE YOUR BRATWURST, PLEASE? Hauptdarsteller Jeff Striker am Ende des Films, auf einer Tafel aufgebahrt, von Kannibalen zerstückelt und verspeist wird. Als einen »blutigen Witz« bezeichnet ein Kritiker die AIDS-Satire EIN VIRUS KENNT KEINE MORAL (1986).[73] Zuschauer wie Regisseur sollen sich selbst nicht allzu ernst nehmen, sondern durch Überzeichnungen viel mehr die entlarvenden Inhalte des Gezeigten wahrnehmen.

In seinen späteren Filmen nutzt Praunheim gleichermaßen auch professionellere Standards. CAN I BE YOUR BRATWURST, PLEASE? hat einen typischen, glatten Hollywood-Look, zumal der Film in Hollywood spielt. Dieser wird allerdings inhaltlich durch Laiendarsteller und besagte Trashszenen gebrochen.

HORROR VACUI und ANITA orientieren sich in Ausstattung und Kontrasten am Stil des expressionistischen Films. Mit ungewöhnlichen Lichtsetzungen und Einstellungen ist in diesen Filmen die Kamera von Elfi Mikesch besonders bemerkenswert. Bei der Analyse von Praunheims Filmen im Hinblick auf die jeweiligen Kameramänner oder -frauen fällt auf, dass diese die Filmästhetik grundlegend beeinflussen.[74]

---

73 Siehe Witte 1986.
74 Siehe hierzu die Auflistung der Filme mit den jeweiligen Kameramännern und -frauen im Anhang.

Wenn in Praunheims frühen Filmen bis Mitte der 70er Jahre der Regisseur oft selbst Kamera führt, herrscht eine naive, besonders unmittelbare Bildästhetik vor. Eine Übergangsphase bildet Kameramann Stephan Köster mit UNSERE LEICHEN LEBEN NOCH und STADT DER VERLORENEN SEELEN. Diese erinnern in ihrer Farbästhetik noch sehr an die frühen Filme, die Buntheit der Ausstattung ist jedoch mehr ausgearbeitet. Die Filme fallen zudem durch eine sanftere Kameraführung und eine sorgfältigere Bildkadrierung auf. Mit ihrer Arbeit an Filmen wie HORROR VACUI und ANITA beeinflusst Elfi Mikeschs Kamera Praunheims Filme hin bis zu einer kunstvollen Stilisierung von Einstellungsgrößen und Lichtsetzung, während Lorenz Haarmann den klassischen Dokumentarfilmstil in Praunheims späteren Filmen ab den 90er Jahren auch durch zahlreiche Dokumentationen bis in die Gegenwart prägt. Gleichermaßen ist auffällig, dass einzelne Filme oft von einer Vielzahl von Kameramännern aufgenommen werden. Ebenso werden in den Credits von Praunheims Filmen stets zahlreiche allgemeine Mitarbeiter am Filmkonzept sowie an der Regie angegeben. Durch die Zahl der gleichwertigen kreativen Mitarbeiter am Filmkonzept entsteht eine weitaus durchschnittlichere Ästhetik, als dies bei einer klaren Hierarchie der Fall wäre.

Der Spielfilm DER EINSTEIN DES SEX (1999) wurde mit Praunheims bislang größtem Budget[75] verfilmt und hat trotz Mikeschs Kamera die Ästhetik eines gewöhnlichen Fernsehfilms; doch auch Schnitt und Musik erinnern hier eher an konventionelle Formate. In vielen Filmen hat Praunheim bereits den Sexualforscher Magnus Hirschfeld und dessen

75 1,8 Mil. DM.

Errungenschaften erwähnt, beispielsweise in ARMEE DER LIEBENDEN, ICH BIN MEINE EIGENE FRAU (1992) und SCHWULER MUT. Es schien ihm besonders am Herzen zu liegen, dessen Biografie in ernsthafter Form zu verfilmen. DER EINSTEIN DES SEX stilisiert Hirschfeld zu einer makellosen Heldenfigur. Claus Löser kritisiert im *film-dienst* die Heroisierung Hirschfelds: »[D]er ebenso naiven wie überdeutlich formulierten Botschaft geht jede Ambivalenz ab.«[76] In seiner Bewunderung präsentiert Praunheim einen sehr ernsten, aber unkritisch und teils einfältig wirkenden Film.

Professionell wirkt MEINE MÜTTER – SPURENSUCHE IN RIGA (2007), in dem Praunheim seiner eigenen Vergangenheit nachforscht. »So geordnet präsentiert sich der Film, als habe einmal nicht der schrille Plüschrevoluzzer Regie geführt, sondern sein bürgerliches Alter Ego Holger Mischwitzky«[77], schreibt ein Kritiker. »Mit Superlativen sollte man bei einem Œuvre, das über 60 Filme umfasst, zurückhaltend umgehen, aber MEINE MÜTTER zählt handwerklich sicherlich zu den saubersten und konventionellsten Filmen von Praunheims, inhaltlich zu den persönlichsten.«[78] In eigener Sache unterwegs, fühlt sich Praunheim offenbar nur sich selbst verpflichtet und begleitet die Recherchen des Films mit hohen Ambitionen, aber auch ironischen Kommentaren. Als er erfährt, dass er selbst offenbar in einem Gefängnis geboren wurde, kommentiert er augenzwinkernd, dass dies wohl einiges über den Ver-

76 Löser 2000.
77 Volk 2008.
78 Volk 2008. Da in MEINE MÜTTER Praunheim nach seiner leiblichen Mutter sucht, nachdem er erfahren hat, dass er adoptiert wurde, ist der Verweis auf die besondere Privatheit des Films an sich obsolet. Der Film handelt ausschließlich von persönlichen Belangen.

lauf seines Lebens erklären könne. Dass Professionalität und Persönlichkeit in MEINE MÜTTER zusammenkommen, zeigt auch, wie Praunheim in seinen neueren Filmen seinen Stil weiter entwickelt hat. Auch in PRAUNHEIM MEMOIRES (2014) – ebenso einer persönlichen Spurensuche nach der eigenen Vergangenheit – fällt das Filmmaterial weder positiv noch negativ auf, die Inhalte rücken gänzlich in den Vordergrund. Besonders an der Kurzfilmsammlung ROSAS WELT - 70 NEUE FILME VON ROSA VON PRAUNHEIM (2012) ist zu bemerken, dass die visuelle Ästhetik immer nebensächlicher wird. Nur noch das dokumentierte Sujet der inhaltlich sehr unterschiedlichen und in einem kurzen Zeitraum gedrehten Filme steht im Vordergrund von Praunheims umfangreichen Spätwerk. Es wird von Praunheim hingegen oft erwartet, dilettantische und provozierende Filme zu machen. Ein Kritiker ist vom hohen Unterhaltungswert von NEUROSIA geradezu enttäuscht: »It's been said of Rosa von Praunheim that he doesn't want us to have a good time at his movies, that he wants us to be upset. If so, chalk up Neurosia as a failure. I had a good time at it.«[79]

79 Stein 1996, 66.

3.2 Schwule Ästhetik

3.2.1 Queer

Bei der Analyse der Filme eines schwulen Filmemachers drängen sich vordergründig Untersuchungen der Gender und Queer Studies auf. In der Tat handeln Praunheims Filme von vielen diesen Forschungsfeldern zuordenbaren Themen und Charakteren. Oft stehen die sexuelle Entwicklung und Identität der Filmfiguren in Form eines offenen Diskurses im Vordergrund. Cross-Dressing, Androgynität und Gender Fluidity sind nur einige Schlagworte zu den Themen, die Praunheims Filme diskutieren. Zudem haben Queer-Theorie und Praunheims Filme einige weitere Aspekte gemein. »It is the objective of queer theory to destabilize heterocentrism and its power position as norm-giver«[80], stellt der Kulturwissenschaftler Holger A. Pausch beim Vergleich zahlreicher Queer-Forschungen fest. Die Herangehensweise in den Queer Studies lasse sich dennoch nicht verallgemeinern, da unter dem selben Begriff oft verschiedene Forschungsansätze und Themengebiete verstanden werden: »[Q]ueer theory is not based on defined systemic principles.«[81] Praunheims Filme legen sich gleichermaßen nicht auf einen Ansatz fest, um ihre Themen zu diskutieren. Spielfilme, Dokumentarfilme, Komödien, Gleichnisse, Travestien, Interviews mit Künstlern, Experten, Betroffenen oder Menschen des Alltags decken viele Bereiche ab, um Sexualität zu erörtern. Der Film an sich ist dabei nur das

80 Pausch 1998, 3.
81 Pausch 1998, 4.

Transportmittel der Nachricht. Pausch arbeitet einen weiteren zentralen Aspekt der Queer Theorie aus: »[I]t focuses especially on the question of why lesbian and gay culture is ›so strangely integral to the selfsame heterosexual cultures which obsessively denounce it.‹«[82] Hier spricht er eine zentrale Fragestellung auch in Praunheims Filmen an, die stets das revolutionäre Potential zum Anderssein als Alternative zur Anpassung betonen. Besonders in NICHT DER HOMOSEXUELLE IST PERVERS und ARMEE DER LIEBENDEN wird eine von der heterosexuellen Gesellschaft eigenständige Kultur proklamiert. Gleiches gilt für andere Formen der Sexualität, denen sich Praunheim besonders in seinen Filmen ab den 80er Jahren widmet.

In ICH BIN MEINE EIGENE FRAU porträtiert Praunheim das Leben des Transvestiten Charlotte von Mahlsdorf. Wie im Titel angedeutet, betrachtet sich der Protagonist als »seine eigene Frau«. Diese Ansicht erweckt den Verdacht, Charlotte von Mahlsdorf fühle sich selbst als autonomes Wesen zweier Geschlechter im selben Körper, wird aber durch ihre Aussage relativiert, dass sie sich als »weibliches Wesen im männlichen Körper« sehe. Sexuell pflegt sie Kontakte zu schwulen Männern, lebt aber im Alter mit einem lesbischen Paar zusammen.

In STADT DER VERLORENEN SEELEN zeigt Praunheim ein buntes Musical mit vielen sexuellen Mischformen aus Travestie, Transsexualität, Homo- und Heterosexualität. Im Gegensatz zu vorherigen, reinen Schwulenfilmen, beschäftigt er sich hauptsächlich mit den in der schwulen Szene wenig beachteten Transsexuellen. Ähnlich wie UNSERE LEICHEN LEBEN

82 Pausch 1998, 4. Pausch bezieht sich auf Erkenntnisse des Soziologen Jonathan Dollimore, der teilweise zitiert wird.

NOCH ist STADT DER VERLORENEN SEELEN ein Spielfilm, in dem sich die Protagonisten größtenteils selbst spielen. Praunheim nutzt den Film persönlich, um sich von Vorurteilen über Transsexualität zu befreien: »Bei diesem Film lernte ich viel über Transvestiten, von denen ich vorher nur Klischeevorstellungen hatte.«[83] Zudem hat der Film zahlreiche Musicaleinlagen. Das bunte Treiben in Angie Stardusts Schnellrestaurant »Hamburger Königin« kontrastiert die Probleme und Konflikte, mit denen sich die amerikanischen Protagonisten des Films beschäftigen: Geschlechts- und plastische Operationen, deutsche Behörden, deutsche Geschichte und eine ihnen gegenüber feindlich eingestellte Gesellschaft. Die transsexuellen Protagonisten Angie Stardust und Tara O'Hara diskutieren ihre Sexualität und die Option einer Geschlechtsumwandlung. Im Zentrum des Gespräches steht die Erörterung, welche körperlichen Merkmale ein Mann oder eine Frau brauche, um als vollständig zu gelten. Einem ihrer Liebhaber stellt sich Tara O'Hara als »drittes Geschlecht« vor. Dieser reagiert auf die unerwartete Situation erst ablehnend, lässt sich dann jedoch auf sie ein.

Der Trapezkünstler Tron lobt in die Kamera, wie er das einfache und saubere Deutschland liebe, um anschließend im Ausländeramt keines Blickes gewürdigt zu werden. Im selben Moment hört die schwarze Angie Stardust entsetzt einen Jungen das Kinderlied »Zehn kleine Negerlein« singen – sie hat es sowohl aufgrund ihrer Sexualität, Nationalität und Hautfarbe im Westberlin der 1980er Jahre nicht leicht. Dennoch lieben alle Protagonisten die Stadt, die ihnen zahllose Freiheiten zu bie-

83 Praunheim 1995, 288.

ten scheint. Auch wenn sie stets scheitern, geben sie dennoch nicht auf und kosten das Leben in der Metropole aus.

In Amerika widmet sich Praunheim der Transsexualität im Dokumentarfilm. Mit VOR TRANSSEXUELLEN WIRD GEWARNT befasst sich Praunheim mit einer Gruppe, die in Schwulendokumentationen wie ARMEE DER LIEBENDEN größtenteils übergangen wurde und stellt die häufig im Arbeits- und Privatleben diskriminierten Transsexuellen vor. Besonders hier wird die Gender Fluidity der Filmfiguren deutlich. Von einem im Film vorgestellten lesbischen Paar ließ sich eine der Frauen zu einem Mann umoperieren. Die beiden heirateten als heterosexuelles Paar, nach einiger Zeit ließ sich die zweite Frau zum Mann operieren, so dass das Paar die Entwicklung vom lesbischen, über das heterosexuelle zum schwulen Paar vollzogen hat. Hieran wird deutlich, dass nicht die gesellschaftliche Konstruktion und das Äußere für die Protagonisten entscheidend sind, sondern innerlich gefühlte Geschlechterrollen. Ganz anders die vier Tunten in der Dokumentation TUNTEN LÜGEN NICHT: Sie spielen mit Geschlechterrollen, Frauentypen werden karikiert. Weiblichkeit wird als Rolle begriffen, die nach Belieben angenommen und abgelegt werden kann.

Die Protagonisten in Praunheims Filmen verkörpern eine Vielzahl geschlechtlicher Rollenbilder und Identitäten. Dennoch lehnt es Praunheim ab, mit den Queer Studies in Verbindung gebracht zu werden.

> When asked, Rosa von Praunheim told me that he was a gay filmmaker and did not see himself as belonging to a New Queer Cinema; and why would he want to shift allegiances after having

> been at the forefront of the gay movement in Germany throughout the last thirty years?[84]

Hieraus spricht einerseits Praunheims Ablehnung wissenschaftlicher Diskurse, andererseits die Ablehnung eines Anspruches, den er sich offenbar nicht selbst geben möchte. Praunheim konzentriert sich als »gay filmmaker« auf die Themen, die ihm jeweils persönlich nahe gehen oder ihn betreffen. Der weitgehende, moderne Queer-Begriff ist mehrdeutiger formuliert als der eines schwulen Filmemachers. In SCHWULER MUT bezeichnen sich viele der Interviewten in San Francisco selbst als »queer«. Im neueren Sprachgebrauch wird »queer« als Synonym für »gay« verwendet. Zwischen »gay filmmaker« und »queer filmmaker« ist nach diesem Gebrauch kein Unterschied mehr festzustellen. Im wissenschaftlichen Bereich dienen Queer Studies hingegen als Oberbegriff für die weit reichende Erforschung sexueller Orientierung und geschlechtlicher Identität. Das umfassendere »queer« schließt – im Gegensatz zum hauptsächlich auf schwule Männer bezogenen »gay« – Schwule, Lesben, Bisexuelle, Transsexuelle und viele sexuelle Mischformen ein und entspricht somit mehr der modernen Einstellung, Geschlechtlichkeit nicht festzuschreiben. Diese Erweiterung einer »Gay Community« lässt sich an der Entwicklung von Praunheims Filmen gut nachvollziehen: In ARMEE DER LIEBENDEN erklärt Praunheim noch, »Lesbierinnen« müssten ihren eigenen Weg finden, da er zu wenig über sie wisse. In späteren Filmen wie STADT DER VERLORENEN SEELEN, VOR TRANSSEXUELLEN WIRD GEWARNT und SCHWULER MUT betrachtet Praunheim viele sexuelle For-

84 Kuzniar 2000, 257.

men. Auch wenn er nicht beabsichtigt, ein »queer filmmaker« zu sein, so ist er doch zu einem geworden. Ansätze davon sind bereits in NICHT DER HOMOSEXUELLE IST PERVERS sichtbar: In der schwulen Szene findet sich zwischen Tunten und Ledertypen bereits eine Vielfalt, die auch schon »queer« ist. Freilich wird Praunheim hierfür von Schwulen kritisiert, denn er läuft Gefahr, voneinander entfremdete sexuelle Formen miteinander zu vermischen – doch besonders darin zeigt sich die tatsächliche Akzeptanz Anderer. Zwischen Schwulen und Transsexuellen gibt es nur wenig gegenseitiges Interesse, genauso wie zwischen Lesben und Schwulen, die jeweils eigene Communitys bilden. Praunheim deutet in seinen späteren Filmen Möglichkeiten an, diese Gemeinschaften miteinander zu verbinden, indem er dort Mitglieder aller Gruppen zu Wort kommen lässt. Hier zeigt sich, wie nahe Praunheim selbst dem Queer-Begriff steht, in dem er sich auf Gemeinsamkeiten und deckungsgleiche Interessen in Minderheiten fokussiert, anstatt Grenzen zu ziehen und Unterschiede herauszuarbeiten. Ähnlich wie die Queer Studies bilden Praunheims Filme die Basis für einen weitreichenden und offenen Diskurs über Sexualität.

3.2.2 Camp

Ein weiterer mit Praunheims Filmen assoziierter Begriff ist »Camp«, der ebenso wie »queer« nur mit Annäherungen definiert wird. Verschiedenste Bereiche wie Literatur, Musik, Filme aber auch Gebäude und Einrichtungsgegenstände werden dem Camp zugeordnet.[85] Camp gibt viel mehr eine Befindlichkeit oder ein Lebensgefühl wieder und ist keine abgegrenzte Stilrichtung oder gar ein Ideenkonstrukt. Medienwissenschaftlerin Caryl Flinn versucht dem Problem einer Definition von Camp zu begegnen:

> Critics have spilled considerable ink trying to establish a definition of camp. Despite dissenting interpretations, some consensus exists around the idea that camp denaturalizes objects and ideas through a playful reworking of codes, conventions and surfaces. Camp deliberately mismatches texts and contexts to send and exaggerate them.[86]

Viele Elemente in Praunheims Werk sind dem Camp zuzuordnen. In den Filmen werden Strukturen aufgebrochen. Ebenso findet das hier beschriebene »Mismatching« von Text und Kontext bei Praunheim eine Anwendung, besonders in frühen Filmen wie ROSA ARBEITER AUF GOLDENER STRASSE - 2. TEIL, SCHWESTERN DER REVOLUTION oder NICHT DER HOMOSEXUELLE IST PERVERS, in denen die Bilder und das Voiceover teils gegensätzliche Aussagen erzielen und sich dialektisch ergänzen. Jack Babuscio erklärt Camp als homosexuelles Empfinden, durch das Schwule und Lesben gesellschaftlichen Widersprüchen begegnen.

85 Siehe Sontag 1999, 54f.
86 Flinn 2004, 173f.

> I define the gay sensibility as a creative energy reflecting a consciousness that is different from the mainstream; a heightened awareness of certain human complications of feeling that spring from the fact of social oppression; [...] [p]resent-day society defines people as falling into distinct types. Such a method of labelling ensures that individual types become polarised. A complement of attributes thought to be ›natural‹ and ›normal‹ for members of these categories is assigned. Hence, heterosexuality = normal, natural, healthy behaviour; homosexuality = abnormal, unnatural, sick behaviour. Out of this process of polarisation there develops a twin set of perspectives and general understandings about what the world is like and how to deal with it; for gays, one such response is camp.[87]

Fraglich ist, ob demnach Camp nur in einer polarisierten Gesellschaft bestehen kann und ob es in einer real liberalen Gesellschaft aufgrund der nicht vorhandenen Negativierung von Homosexualität nicht vorhanden wäre, da nicht benötigt.

Susan Sontag beschreibt 1964 in ihrem Aufsatz *Notes on ›Camp‹* Camp als »much more than homosexual taste«.[88] Sie sieht in Camp eine positive Form des schlechten Geschmacks sowie einen ironischen und leidenschaftlichen Bruch mit Konventionen. Tatsächlich erinnert diese Beschreibung sehr stark an die Filme Praunheims. »It is not a natural mode of sensibility, if there be any such. Indeed, the essence of Camp is its love of the unnatural, of artifice and exaggeration.«[89] »What it does is to find the success in certain passionate failures. Camp taste is a kind of love, love for human nature.«[90]

---

87 Babuscio 1999, 118.
88 Sontag 1999, 64.
89 Sontag 1999, 53.
90 Sontag 1999, 65.

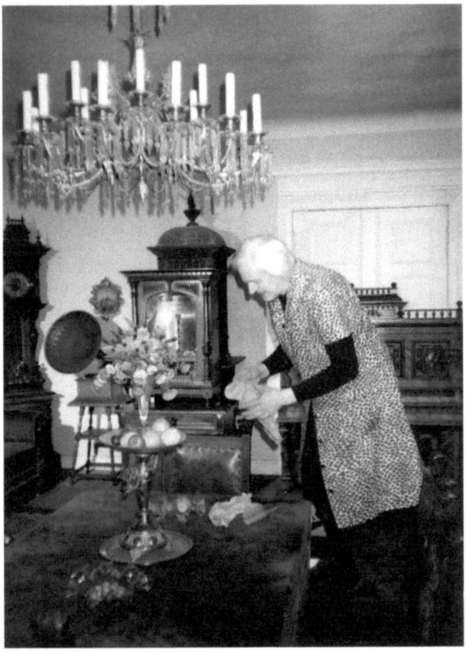

Abbildung 9: Ich bin meine eigene Frau

Eine besondere Hingabe zur menschlichen Natur und zu außergewöhnlichen Menschen zeigt Praunheim in seinen Frauenporträts. Gleichfalls sind diese Frauen ungewöhnlich wie Lotti Huber oder Luzi Kryn. Johannes von Moltke betrachtet die Sammelleidenschaft der von Praunheim porträtierten Charlotte von Mahlsdorf als Camp[91], einer ähnlichen, wenn auch nicht an Antiquitäten sondern an Nippes orientierten Sammelleidenschaft fröhnt Luzi Kryn. Luzi und Dietmar scheitern in Die Bettwurst und Berliner Bettwurst mit der von Sontag beschriebenen leidenschaftlichen Hingabe. »Camp is the attempt to do something extraordinary. But extraordinary in the sense, often, of being special, glamorous.«[92] Mit ihren Kostümen und Perücken versucht Luzi Kryn sich glamourös zu geben, im Sinne von Camp scheitert sie trotz der Ernsthaftigkeit ihrer Bemühungen. Gerade deswegen werden diese Misserfolge von Praunheims Publikum bewundert. Sontag betrachtet Camp ferner als unpolitisch, Stil würde auf Kosten des In-

91 Siehe Moltke 1999, 425.
92 Sontag 1999, 60.

halts betont.[93] Bei Praunheim hingegen stehen oft auch politische Inhalte im Vordergrund. Ebenso sind viele der Filmthemen oft mehr Camp als die Filme selbst, wobei Praunheim freilich durch die Unvollkommenheit seiner Filme mit diesem spielt. Die Filme präsentieren brisante oder bewegende Inhalte, gefiltert durch Praunheims persönlichen »campy« Blick. Alice Kuzniar stellt in Praunheims Filmen eine »camp attitude« gegenüber gesellschaftlichen Einengungen und Normen fest.[94] Caryl Flinn bezeichnet Praunheim als »one of the movement's campiest Autoren.«[95] Praunheim begleitet Figuren, die dem Camp eindeutig zugeordnet werden, etwa die sammelnde Charlotte von Mahlsdorf oder auch die Sängerin und Schauspielerin Tally Brown, die selbst in Andy Warhols Film CAMP (1965) mitspielt. Seine Filme reflektieren Camp auf künstlerische Weise wie Queer Studies dies auf wissenschaftliche Weise tun. Für diese Betrachtung spricht auch Praunheims bereits angesprochene, permanente Selbstreflexion. Studien und Praunheims Filme mit ähnlichen Sujets sind auf einer Empfindungsebene anzusiedeln, auch wenn sie sich in ihren Methoden der Beobachtung und der Analyse grundlegend unterscheiden.

93 Siehe Sontag 1999, 54f.
94 Siehe Kuzniar 2000, 93.
95 Flinn 2004, 207.

3.2.3 Filme im Vergleich

Viele in ihrem Werk sehr gegensätzliche Regisseure werden als camp bezeichnet. Moltke sieht zwischen Fassbinder und Warhol enge Verbindungen.[96] Auch Filme von vornehmlich heterosexuellen Regisseuren wie Alfred Hitchcock oder John Huston werden unter diesem Aspekt untersucht.[97] Sontag bezeichnet zudem THE MALTESE FALCON (DER MALTESER FALKE, 1941) und TROUBLE IN PARADISE (ÄRGER IM PARADIES, 1932) als »among the greatest Camp movies ever made«[98].

Es scheint kaum möglich oder sinnvoll, so unterschiedliche homosexuelle Künstler wie Warhol, Fassbinder oder Praunheim grundlegend in ihrer Inszenierung miteinander zu vergleichen oder gar gemeinsam zu kategorisieren. Dieser Ansatz wäre naiv, denn Sexualität beeinflusst zwar die Werke der genannten Filmemacher, allerdings auf unterschiedliche Art und Weise. Tatsächlich sind Vergleiche auf der Grundlage möglich, dass die Regisseure gemeinsame Kontakte, Begegnungen sowie auch eine teilweise gleiche Schaffensperiode verbinden. Somit spiegeln sie allerdings eher die Ästhetik ihrer Generation wider. Camp und Queer-Studies finden Gemeinsamkeiten zwischen schwulen Filmemachern, die oft mehr auf gegenseitige Beeinflussung als auf eine gleiche Befindlichkeit zurückzuführen sind. Es wäre sehr gewagt, die Œuvres Praunheims oder Fassbinders mit denen von Gus van Sant oder Pédro Almodóvar zu vergleichen. Durch die schwere Definierbarkeit von Camp, welches ohnehin nicht als schwul zu betrachten ist und auch

96 Siehe Moltke 1999, 410.
97 Siehe Sontag 1999, 58.
98 Sontag 1999, 58.

in heterosexuellen Kreisen zahlreiche Anhänger findet, ist die Vergleichsbasis für eine schwule Filmästhetik nicht gegeben.

Dennoch wäre eine auf ein enges Thema begrenzte Untersuchung diesbezüglich interessant, denn inhaltlich lässt sich das Werk Praunheims teils mit anderen schwulen Regisseuren vergleichen. So ist François Ozons 8 FEMMES (8 FRAUEN, 2002) de facto nichts anderes als UNSERE LEICHEN LEBEN NOCH – unterschiedliche Frauentypen werden in ähnlicher Weise vorgestellt und miteinander konfrontiert, wenn auch inszenierungstechnisch Welten zwischen den Filmen liegen. Praunheims im Big Brother-Stil inszenierte Frauen-WG unterliegt anderen technischen und visuellen Gesetzen als Ozons im Technicolor-Stil erzählter Agatha Christie-Krimi; dennoch bedienen sich beide Filme typisierender Frauenbilder und verschiedener Musicaleinlagen. Ozons UNE ROBE D'ÉTÉ (EIN SOMMERKLEID, 1996) beschäftigt sich gleichermaßen mit Gender Fluidity wie ICH BIN MEINE EIGENE FRAU, und LE TEMPS QUI RESTE (DIE ZEIT, DIE BLEIBT, 2005) behandelt die Auseinandersetzung mit dem Tod genauso intensiv wie Praunheims Filme. In Bezug auf die gleiche Themenwahl bei schwulen Regisseuren sagt Praunheim selbst aus, dass sich eine Untersuchung lohnen würde:

> [D]as ist sicher sehr wichtig, zu untersuchen, wie also schwule Filmregisseure Frauen sehen. Und das bin ja nicht nur ich, sondern das ist Werner Schroeter und das ist Fassbinder und das ist Andy Warhol und das ist Schlesinger, also eine ganze Reihe von schwulen Regisseuren, die sich sehr identifizieren können mit ihren Schwächen.[99]

99 Praunheim in Maerker/ Roth 1984, 67.

Eine derartig psychologisch fundierte Analyse wäre allerdings sehr spekulativ, da sie das schwer erforschbare Innenleben der Regisseure zum Gegenstand hätte. Sie würde eine quantitative Auflistung inhaltlicher Gemeinsamkeiten bieten, die lediglich Ähnlichkeiten in der Themenwahl mehrerer Regisseure nachweisen könnte, da Empfindungen nur schwer und annäherungsweise erforschbar sind.

Die konkrete Frage nach einer schwulen Ästhetik wird von Praunheim in einem Interview verneint, so etwas gebe es nicht.[100] Er widerspricht sich jedoch im gleichen Interview, indem er Camp wiederum als Schwulenästhetik bezeichnet und sich dabei auf Susan Sontag beruft.[101] Hieran zeigt sich, wie schwer es auch für Praunheim ist, die Dimensionen einer schwulen Ästhetik zu erfassen. Fraglich ist allemal, was überhaupt als schwule Ästhetik bezeichnet werden kann. Dies könnten Filme von schwulen Regisseuren sein, Filme mit schwulen Figuren oder Darstellern, aber auch solche, die besonders großen Erfolg bei einem schwulen Publikum haben. Abgesehen davon, ließe sich der schwulen Ästhetik keine heterosexuelle Ästhetik gegenüberstellen. An dem Vergleich wird offensichtlich, dass sowohl Homo- als auch Heterosexuelle grundlegend unterschiedliche ästhetische Empfindungen haben können, aber nicht haben müssen. So wie sich zwei heterosexuelle Regisseure in ihrem Werk gänzlich unterscheiden können, so ist dies auch bei homosexuellen Regisseuren der Fall. Gleichermaßen ist es evident, dass sich Praunheim als Schwulenfilmer stets die Werke seiner Kollegen ansieht,

100 Siehe Maerker/ Roth 1984, 76.
101 Siehe Maerker/ Roth 1984, 67. Obwohl Sontag in Ihrem Essay *Notes on ›Camp‹* Camp explizit nicht als reine Schwulenästhetik beschreibt, betrachtet Praunheim Camp hier als solche.

so dass es mit hoher Wahrscheinlichkeit zu gegenseitigen Beeinflussungen der Filmemacher untereinander kommt. Ebenso beeinflussen Praunheims Filme, besonders die inzwischen historisch bedeutsamen, das Werk anderer schwuler Filmemacher. Ein Beispiel dafür ist der Kanadier Bruce LaBruce, der in THE RASPBERRY REICH (2004) vor dem Hintergrund der RAF eine ganze Reihe von deutschen Untergrundfilmen und -themen parodiert. Das in NICHT DER HOMOSEXUELLE IST PERVERS angedeutete Revolutionspotential von Homosexualität wird hier in Form einer Zwangshomosexualisierung einer roten Kommune als »homosexuelle Intifada« gänzlich ausgeschöpft. Für die genaue Analyse von Praunheims Filmen ist es nun allerdings sinnvoller, diese als eigenständig zu betrachten. Die Filme selbst sind Originale und nicht notwendigerweise mit anderen Werken zu vergleichen.

3.3 Spielfilm und Dokumentarfilm

Spielfilm und Dokumentarfilm sind bei Praunheim eng miteinander verbunden. Die unmittelbare Darstellung von (Lebens-)Realitäten steht bei ihm im Vordergrund. »[E]in guter Film hat nichts mit Film, sondern mit Leben zu tun«[102], sagt er. Gleichermaßen interessieren ihn nicht nur seine gefilmten Inhalte. In filmessayistischer Form stellt er seine persönliche Meinung dar: »Mich interessiert keine übliche Dokumentation, wie wir sie von vielen dritten Programmen kennen (journalistisch oberflächlich, distanziert, zynisch und unpersönlich), sondern mein persön-

102 Rosa von Praunheim in o. A. 1979, 248.

licher Bezug und meine subjektive Haltung.«[103] Praunheim verstößt damit gegen journalistische Dogmen und geht einen eigenen Weg der filmischen Dokumentation. In TODESMAGAZIN sehen wir vor Interviews, wie der Tonmann einen Soundcheck macht und die Kamera eingerichtet wird. Erst dann beginnt das Interview. Durch das Belassen dieses Teiles im Film wird verdeutlicht, dass es sich um eine gefilmte Dokumentation handelt und der Interviewte bewusst vor einer Kamera sitzt. Es wird keine Illusion erzeugt, er spreche direkt zum Zuschauer; das Filmteam wird nicht ausgeblendet. Auch in vielen anderen Dokumentationen ist oft im Bild zu sehen, wie Praunheim ein Mikrofon auf am Film Beteiligte richtet. Praunheims Filme versuchen gar nicht erst den Anschein von Objektivität zu erzeugen, sondern sind Eindrücke und Meinungen, mit denen sich Praunheim und seine Protagonisten direkt ans Publikum wenden.

Besonders in der amerikanischen Rezeption wird ihm oft eine grundlegende Orientierung an Brecht unterstellt[104], die er jedoch abstreitet.

> I wasn't really connected to Brecht, but some people thought so because IT IS NOT THE HOMOSEXUAL [NICHT DER HOMOSEXUELLE IST PERVERS] is a very theatrical film. You could possibly see connections, but I never intended them. I liked expressionism, and Brecht was too theoretical, too constructed.[105]

Dieses Zitat zeigt aber, dass sich Praunheim dennoch mit Brecht auseinandergesetzt hat und unterstreicht die Bedeutung der Verbindung

103 Praunheim 1991, 260.
104 Siehe Waugh 2000, 231; Kuzniar 2000, 103 oder Koch 1976, 7.
105 Praunheim in Hays 2007, 350.

von Theater und Film in seinem Werk. Die Filme greifen oftmals auf theatralische Elemente oder ganze Theaterinszenierungen zurück. In EIN MANN NAMENS PIS (1991) dokumentiert Praunheim Anfang der 90er Jahre das Leben des Theaterregisseurs Erwin Piscator anhand einer improvisierten Nachstellung von Szenen aus Piscators Leben durch Schüler der Schauspielschule Ernst Busch in Berlin. Zusätzlich wird der Film von Interviews mit einem Piscator-Forscher der Schule ergänzt. Es verbinden sich demnach mehrere Ebenen: Die Theaterszenen der Schauspielschüler, die gezeigte Inszenierungsarbeit und Diskussionen Praunheims mit den Schülern, sowie die Interviews und Workshops zu Piscator. Der Film ist folglich eine filmisch-theatrale Inszenierung von Piscators Leben, eine Dokumentation über junge Schauspielschüler, die deutsche Wiedervereinigung und die Schauspielschule Ernst Busch. In ARMEE DER LIEBENDEN dienen Ausschnitte einer Off-Broadway-Inszenierung dazu, die Geschichte der Homosexualität etappenweise zu erläutern und die gefilmten Märsche, Demonstrationen, Vox Pops und Interviews aufzulockern. Auch in WUNDERBARES WRODOW (1999) und SCHWULER MUT dienen nachgestellte Theaterszenen der Illustration oder sind ein Teil des Dokumentierten. Diese Verbindung filmischer und theatraler Elemente zeigt auch den Einfluss Werner Schroeters auf Praunheims Werk. Bei Schroeter sind besonders häufig Symbiosen von Theater, Oper und Film zu beobachten.

Als filmische Formen sind bei Praunheim oft Dokumentar- und Spielfilmmaterial miteinander verwoben. ICH BIN MEINE EIGENE FRAU enthält Interviews mit der realen Charlotte von Mahlsdorf und Szenen, in denen ihr Leben sowohl von Schauspielern als auch von ihr selbst nachgespielt wird. NEUROSIA ist gleichermaßen eine Kriminalgeschichte über die Suche nach dem fiktiven Mörder Rosa von Praunheims wie auch eine Dokumentation über Praunheims Filme und sein Leben. ROTE LIEBE zeigt viele Ausschnitte eines Interviews mit Helga Goetze sowie eine filmisch inszenierte Darstellung einer Erzählung von Alexandra Kollontai.

Die Charaktere aus den Dokumentarfilmen können bei Praunheim gleichfalls auch Figuren der Spielfilme sein. »[S]eine Filme sind ohnehin keinem Genre mehr exakt zuzuordnen«[106], stellt Filmkritiker Wilhelm Roth fest. So übernimmt Helga Goetze aus ROTE LIEBE eine Nebenrolle in STADT DER VERLORENEN SEELEN, das Leben der in vielen Spielfilmrollen vertretenen Lotti Huber wird in AFFENGEIL – EINE REISE DURCH LOTTIS LEBEN (1990) dokumentiert und Tima die Göttliche, deren Leben in TUNTEN LÜGEN NICHT begleitet wird, bekommt tragende Rollen u. a. in ICH BIN MEINE EIGENE FRAU und DER EINSTEIN DES SEX. Ein Kenner von Praunheims Œuvre verbindet beim Sehen der Filme deshalb die Rolle der Darsteller mit ihrem dokumentierten Privatleben, ähnlich wie ein Zuschauer beim Kinogang die Star- und Rollenbiografie berühmter Schauspieler im Hinterkopf hat, wenn er diese in einem neuen Film sieht.

106 Roth 1982, 191.

3.3.1 Dramaturgien

Die Verbindung von Fiktionalem und Dokumentarischem spiegelt sich besonders auf dramaturgischer Ebene wider. Praunheim entwickelt ungewöhnliche Erzählmuster, um Dokumentarfilm und Spielfilm miteinander zu verknüpfen.

Ein bruchloser Übergang der Erzählebenen ist in ICH BIN MEINE EIGENE FRAU zu beobachten. Lothar Berfelde (Charlotte von Mahlsdorf mit bürgerlichem Namen, in jungen Jahren gespielt von Jens Taschner) versteckt sich vor seinem Vater (Utz Krause) unter der Bettdecke, als dieser wütend gegen seine Zimmertür schlägt. Nach einem Lichtwechsel kommt die echte Charlotte ins Zimmer und erklärt dem jungen Darsteller: »Ja, Jungchen, so wie du das jetzt dargestellt hast, so isses auch wirklich gewesen. So habe ich das alles selbst erlebt.« Charlotte von Mahlsdorf verifiziert die Darstellungen des Films und erklärt die Inszenierung für authentisch, wodurch er inhaltlich unangreifbar wird.[107]

Nachdem der Vater-Darsteller den Jungen in einer anderen Szene verprügelt hat, sehen wir ihn anschließend seine Rolle mit Charlotte von Mahlsdorf besprechen. Das Herausholen der Darsteller von Rollen aus ihrem Kontext bricht die Illusion des Zuschauers. Der noch eben als brutaler SS-Mann agierende Schauspieler unterhält sich im Anschluss einfühlsam und vertrauensvoll mit der im Film Porträtierten. Dieser Illusionsbruch macht das Medium Film bewusst. Der Zuschauer sieht nur

107 Zumindest in Bezug auf die authentische Darstellung von Charlotte von Mahlsdorfs Erinnerungen.

eine verzerrte Abbildung des tatsächlich Geschehenen. Ein Simulakrum des Lebens – Kino, das eben niemals selbst Realität wird.

Zudem kann auch die Spielfilmhandlung die Dokumentation unterbrechen. Charlotte von Mahlsdorf bespricht auf der Dokumentarfilmebene mit Darsteller Ichgola Androgyn ihr Leben, als der Darsteller von einer der Spielfilmfiguren aus dem Raum gerufen wird, um gleich wieder in seine Rolle zu schlüpfen. Die Formate scheinen spielerisch miteinander zu kämpfen. Einmal greift Charlotte von Mahlsdorf in die Spielfilmhandlung ein und erläutert die korrekte Handhabung von sadomasochistischen Spielzeugen, die sie mit einem ihrer Sexualpartner benutzte. Alice Kuzniar erläutert hierzu:

> This fanciful alternation between frame and story, fiction and reality, Charlotte and her incarnations (including herself in the later recreations) functions to rob the documentary of its generic seriousness, even pretentiousness. Ironically commenting on the documentary format of the interview, the film likewise fabricates a series of interviews or interrogations with so-called authorities – with the Nazi psychiatrist, East German border police and Stasi spies.[108]

Die offene Verbindung verschiedener Erzählebenen dient als ironischer Kommentar auf das Dokumentarfilmformat und stellt dessen Autorität in Frage. »The entry of the real Charlotte has an alienating effect from the unfolding narrative of her life, yet it ultimately serves to assert Charlotte as storyteller and diegetic director; this film is Charlotte's story told by Charlotte.«[109] Mahlsdorf führt als innerfilmische Figur und

108 Kuzniar 2000, 106f.
109 Halle 2006, 223.

gefilmter Charakter ebenfalls Regie. Praunheim gibt Charlotte von Mahlsdorf in Ich bin meine eigene Frau ein großes Spektrum an Freiheiten, in den Film einzugreifen. Als Dank hierfür verifiziert sie das Gezeigte.

Die häufigen Ebenenverbindungen von Spiel und Realität scheinen zu Charlottes Charakter zu passen. Wenn sie in Interviews spricht oder von der Kamera begleitet aus ihrem Leben erzählt, klingen ihre Worte stets sehr bedacht gewählt und ebenso gespielt. Wir sehen sie zudem mit einer Besuchergruppe, die sie durch ihr Museum führt. Hier spricht sie in einem ähnlichen Tonfall. Schließlich steht sie am Grab ihrer Mutter und stellt fest: »Im Grunde genommen bin ich ihr genauer Abklatsch. [...] Als meine Mutter starb, wusste ich, dass sie in mir weiter lebt.« Ihr Leben ist im Film so wie in der Realität gleichermaßen eine Rolle, der sie sich nicht entziehen kann.

Eine vollkommen andersartige Kombination von Spiel- und Dokumentarfilm fällt in Rote Liebe auf. Um diese nachzuvollziehen ist es notwendig, die Entstehungsgeschichte des Films zu betrachten. Ursprünglich plante Praunheim einen Film über die kommunistische Frauenrechtlerin Alexandra Kollontai; er war jedoch mit dem aufgenommenen Material unzufrieden. Zwei Jahre später führte Praunheim ein Interview mit der Aktivistin Helga Goetze und kam später auf die Idee, die Materialien miteinander zu kombinieren. Es wechseln sich in Rote Liebe Interviewausschnitte mit Goetze und die Spielszenen des geplanten Kollontai-Films ab. Das raue Videomaterial der Interviews kontrastiert die weicheren, sauberen Filmaufnahmen der Spielhandlung. Praunheim sieht hierin einen gelungenen Kontrast.[110] Dokumentation und Spielszenen haben keinen direkten inhaltlichen Zusammenhang, außer der Beschäftigung beider Frauen mit ihrer Sexualität. Tatsächlich entsteht der Eindruck, als würden die amüsanten Goetze-Szenen von der trockenen Spielfilmhandlung unterbrochen; dennoch wäre das Goetze-Interview am Stück aufgrund vieler Wiederholungen und Goetzes schrillem Wesen kaum erträglich. Die unterschiedlichen Materialien und Erzählstränge unterstützen sich in ROTE LIEBE gegenseitig; allein könnten diese wegen ihrer jeweiligen Eintönigkeit nicht bestehen.

In ANITA – TÄNZE DES LASTERS verbindet Praunheim in einem Spielfilm verschiedene Zeitebenen miteinander. Dies ist prinzipiell nichts Besonderes, hat in dem Film allerdings eine außergewöhnliche Form. Lotti Huber spielt die alte Frau Kutowski, die in eine Irrenanstalt eingeliefert wird, weil sie sich für die Nackttänzerin Anita Berber der 1920er Jahre hält. In Rückblenden wird ein biografischer Abriss von Berbers Leben gezeichnet. Hier wird Anita Berber meist von Ina Blum, aber auch gelegentlich von Lotti Huber verkörpert. Die Figuren der Krankenhausebene der 80er Jahre und der Varietéebene der 20er Jahre werden von den gleichen Darstellern gespielt. So ist Anitas Tanzpartner Droste (Mikael Honnesseau) gleichermaßen der Stationsarzt in der Klinik, Anita der

110 Siehe Praunheim 1991, 320.

20er Jahre ebenso die Krankenschwester auf Frau Kutowskis Station. Die Gegenwart (80er Jahre) ist in schwarz-weiß und mit Ton gefilmt, die Vergangenheit (20er/30er Jahre) in Farbe und ohne Dialoge, aber mit dem Stummfilm nachempfundenen, expressionistisch gestalteten Zwischentiteln. Die Realität des Krankenhauses scheint in kontrastreichen Schattierungen noch kälter und realer als sie es ohnehin schon ist, die Vergangenheit scheint so farbig und bunt, wie in Frau Kutowskis »Erinnerungen«. ANITA ist keine chronologisch erzählte Biografie wie beispielsweise Praunheims DER EINSTEIN DES SEX. Durch die Rahmenhandlung mit Lotti Huber wird die Historizität des Gezeigten bewusst gemacht und der Film dramaturgisch gelockert.

Diese offene Form schafft gleichermaßen eine Offenheit beim Zuschauer. Durch experimentelle Dramaturgien und filmische Experimente entwickelt das Publikum ein kritisches Bewusstsein für das Nachspielen der Ereignisse und kann sich freier in die Geschichte einfügen. Praunheim spielt mit Geschichte und Geschichten, der Zuschauer kann lernen, seine Begeisterung für die vorgestellten Themen zu teilen.

Praunheim versucht, neue dramaturgische Formen zu finden. Über den Episodenfilm LEIDENSCHAFTEN schreibt er: »Ausgehend von der Struktur von Dramaturgien, z. B. aus Abenteuerromanen, interessiert mich, die Fülle der Möglichkeiten bzw. die Willkürlichkeit von Dramaturgien deutlich zu machen.«[111] Darsteller Fritz Mikesch durchlebt in dem Film in verschiedenen Ländern unterschiedliche Lebensphasen. So wie Anita Berber in ANITA im Ausdruckstanz Situationen und Themen

111 Praunheim in Schmid 1973, 62.

tanzt, so verkörpert Mikesch in LEIDENSCHAFTEN Bildnisse und Lebensentwürfe, es entsteht eine Art Ausdrucksfilm. Seine (Lebens-)Reise führt ihn durch Glasgow, New York, Kalkutta, Tokio, Singapur, Bali, Hongkong, Hawaii, Mexico City, Acapulco und Innsbruck. Gleichermaßen werden in dem Film viele Klischees von der Welt bedient, die Praunheim plakativ ausstellt und überzeichnet. »Kalkutta ist arm, Hongkong reich, Tokio brutal und Hawaii schön.«[112] »Der kommerzielle Film hat uns auf idiotische Geschichten trainiert«[113], sagt Praunheim und sucht nach neuen Geschichten, indem er alte Klischees verdichtet und bloßstellt.

Zu NICHT DER HOMOSEXUELLE IST PERVERS bemerkt Randall Halle eine ähnliche Verdichtung von Charakteristika, die durch ihre gebündelte Klischeehaftigkeit in der Hauptfigur eine Identifikation des Zuschauers mit dieser verhindern. »The film rejects Aristotelian identification, and instead constructs Daniel as a character outside of our sympathy.«[114] Praunheims Hauptfiguren bedürfen nicht der Sympathie des Zuschauers. NICHT DER HOMOSEXUELLE IST PERVERS erzielte aber gerade dadurch wütende Zuschauerreaktionen, dass er dennoch eine teilweise Identifizierung mit Daniel ermöglichte. Viele schwule Zuschauer konnten sich in der von Praunheim inszenierten Figur wieder finden, deren überzeichnete Negativdarstellung führte zu ihrer Empörung. Praunheim nutzt hier sein Spiel mit Dramaturgien, um eine Konfrontation mit dem Publikum zu erzielen – eine Dramaturgie der Provokation.

112 Kuhlbrodt 1984, 133.
113 Praunheim in Schmid 1973, 63.
114 Halle 2006, 212.

3.3.2 Improvisation

Rosa von Praunheim lehnt das Schreiben von Drehbüchern ab und legt den Filmen meist nur ein grobes Konzept zu Grunde, das sich sehr frei variieren lässt. Für die frühen, stummen Filme über VON ROSA VON PRAUNHEIM bis NICHT DER HOMOSEXUELLE IST PERVERS werden zunächst Bilder aufgenommen und durch das Voiceover eine Geschichte zum Gezeigten erzählt. Über SCHWESTERN DER REVOLUTION sagt Luzi Kryn, sie wisse selbst nicht, was sie gespielt habe.[115] »Warum sie flüchtet oder so weiß ich auch nicht mehr«[116] sinniert Praunheim über den Film, dessen Bilder und Handlung spontan und voneinander getrennt entstanden sind. Oft entwickelt er zusammen mit seinen Darstellern Dialoge und Dramaturgien. Für die Spielfilme DIE BETTWURST und UNSERE LEICHEN LEBEN NOCH lernten sich die Darsteller erst ausführlich kennen, Rosa von Praunheim nahm ihre Gespräche auf und entwickelte aus diesen ein Drehbuch, so dass sich die Protagonisten in den Filmen stets selbst spielen können.

Das Drehbuch besteht aus einer losen Aneinanderreihung von Szenen und Dialogen. Anders wäre es Praunheim nicht möglich, mit seinen außergewöhnlichen Laiendarstellern zu arbeiten. Diese müssen sich in ihrer eigenen Sprache ausdrücken und selbst in dieser versprechen sie sich gelegentlich. In ihrer Künstlichkeit und Selbstdarstellung sind Luzi und Dietmar authentisch. Im Lachen über Luzi und Dietmar soll der Zu-

---

115 Luzi Kryn in MEINE TANTE LUZI. Der Film ist als DVD-Bonusmaterial produziert und in der DVD-Ausgabe von DIE BETTWURST enthalten, erschienen bei »absolut Medien«.

116 Rosa von Praunheim in MEINE TANTE LUZI.

schauer auch über sich selbst lachen. »Mit ihnen hat der Zuschauer die Möglichkeit, sich selbst wiederzuentdecken und zu erfahren, wie lustig unsere eigene Dummheit ist.«[117]

»Rosa hat alle seine ›Superstars‹ selbst entdeckt, [...] nur um sich getarnt hinter der Kamera oder dem Mikrofon sogleich wieder zu verstecken und darauf zu hören und zu schauen, wie seine Idole sich selbst in Szene setzen.«[118] Diese Herangehensweise findet auch beim Dokumentarfilm eine Anwendung: Am Filmkonzept von ÜBERLEBEN IN NEW YORK (1989) schrieb eine der porträtierten Frauen mit und in AFFENGEIL nimmt Lotti Huber auf die Dokumentation ihres Lebens Einfluss. Ähnlich wie Charlotte von Mahlsdorf in ICH BIN MEINE EIGENE FRAU greift sie aktiv in die Filmgestaltung ein. Sie beschwert sich innerhalb der Filmhandlung bei Praunheim: »Diese Szene wirst Du herausschneiden. Sie ist geschmacklos, und sie ist nicht ich, verstehst Du das? Das bist Du, aber nicht ich. Und über wen ist denn der Film?«[119] Huber setzt sich an die Stelle des Regisseurs und greift in sein Aufgabenfeld ein. Zwischen den Selbstdarstellern Huber und Praunheim kommt es zum Konflikt, der ebenso zum filmischen Thema wird. AFFENGEIL zeigt eine lange, aus der Filmarbeit resultierende Streitphase zwischen Huber und Praunheim.

Rosa von Praunheim arbeitet fast ausschließlich mit Laienschauspielern, um sich von diesen inspirieren zu lassen. »Ich finde es toll, wenn Darsteller mich anregen, inspirieren, mit ihrer Persönlichkeit meine Fil-

117 Pressetext zu DIE BETTWURST in Schmid 1973, 45.
118 Kade 1983, 125.
119 Filmzitat, Lotti Huber in AFFENGEIL.

me bereichern.«[120] Er beschreibt die Arbeit an STADT DER VERLORENEN SEELEN folgendermaßen:

> Wir hatten viele Ideen mit der Videokamera festgehalten. Alle improvisierten mit großer Lust um die Wette. Die Bonmots und Bosheiten flogen mir nur so um die Ohren. Einige der Darsteller sprachen halb englisch und halb deutsch, was oft unfreiwillig komisch war. Ich schrieb die meisten Videoimprovisationen ab und machte ein reichhaltiges Filmscript daraus, mit situationskomischen Fotos.[121]

»Nicht Rosa, sondern wir führten Regie«[122], sagt Angie Stardust über die Arbeit an STADT DER VERLORENEN SEELEN. Praunheim interessiert sich für Figuren, die er nur in der Realität finden kann; von diesen inspiriert, entwickelt er sein Filmkonzept. Durch die Nichtanpassung der Schauspieler wird dem Zuschauer das Medium Film bewusst. Aus diesem Grund ist es kaum sinnvoll, Filmfiguren und reale Charaktere der Darsteller voneinander zu trennen, sofern dies überhaupt möglich ist. So wie Praunheim sein Privatleben mit dem Filmschaffen vermischt, so verlangt er dies auch von seinen Schauspielern.

Praunheim wird gelegentlich die Ausnutzung seiner Laiendarsteller vorgeworfen. Er sieht seine Filme jedoch auch als Lebenshilfe und Möglichkeit zur Selbstdarstellung für seine Figuren[123]; glaubhaft wird dies dadurch, dass er Film und Video auf dieselbe Art für sich nutzt. Lotti Huber berichtet in AFFENGEIL davon, wie sie vor Praunheim gewarnt

120 Praunheim 1995, 39.

121 Praunheim 1995, 288. Beachtenswert ist zudem, dass Praunheim hier eine Verwendung von Foto- bzw. Videostoryboards andeutet.

122 Angie Stardust in Schirmeyer 1982, 15.

123 Siehe Kuhlbrodt 1984, 224f.

wurde, er würde sie »auspressen wie eine Zitrone«. »Diese Zitrone hat noch viel Saft«[124] entgegnet Huber und nutzt ihn gleichermaßen als Motor für ihre eigene Karriere – durch Praunheim wird Lotti Huber berühmt. Prinzipiell kann von einer gegenseitigen Befruchtung zwischen Rosa von Praunheim und seinen Darstellern ausgegangen werden, selbst wenn den finanziellen Nutzen hauptsächlich Praunheim aus seinen Filmen zieht.[125]

3.3.3 Travestien

Praunheims Filme wurden einmal als Filmtravestien bezeichnet.[126] Tatsächlich finden sich in seinen Filmen viele Beispiele für filmische »Verkleidungen«.

In DIE BETTWURST stellen Luzi und Dietmar eine solche Travestie der filmischen Standardsituation »Liebesszene« dar. Dietmar trägt Luzi ins Schlafzimmer und es kommt zu einer Liebeserklärung:

> *Luzi:* Dietmar, ich liebe dich! Ich liebe dich!
>
> *Dietmar:* Ich liebe dich unwahrscheinlich. Luzi! Du bist alles für mich, ich liebe dich Luzi. Ich liebe dich unwahrscheinlich.

124 Filmzitate, Lotti Huber in AFFENGEIL.

125 Tatsächlich kommt es bereits nach seinem ersten Film VON ROSA VON PRAUNHEIM zwischen Praunheim und den am Film Beteiligten zu Rechtsstreitigkeiten um die erzielten Einnahmen (siehe Kuhlbrodt 1984, 84f.). Auch in späteren Filmen, wie STADT DER VERLORENEN SEELEN, empfinden Darsteller ihre Arbeitskraft als ausgenutzt (siehe Schirmeyer 1982, 15.).

126 Siehe Koch 1976, 7 oder Thie 1983, 4.

Luzi: Es war Liebe auf den ersten Blick und ich will immer, dass du bei mir bleiben sollst. Es muss immer so bleiben wie heute.

Dietmar: Luzi, bitte. Ich möcht dich nie verlieren.

Luzi: Ich liebe dich ...

Dietmar: ... Du bist die erste Frau ...

Luzi: ... ich liebe dich ...

Dietmar: ... die erste Frau, die ich so liebe ...

Luzi: ... ich liebe dich ...

Dietmar: Luzi! Die erste Frau. Deine Haare, und alles, dein Busen und alles.

Luzi: Wir müssen in' Kalender es rot anzeichnen diesen Tag, an dem wir uns zum ersten Mal begegnet sind. Das war Liebe auf den ersten Blick.

Dietmar: Luzi ...

Luzi: Dietmar!

Dietmar: Luzi ...

Luzi: Dietmar!

Dietmar: ... ich liebe dich so, ich liebe alles an dir. Deine Hände, deine Haare liebe ich. Deine Haare, deine Augen, deinen Körper, deinen Busen, ich liebe alles an dir, Luzi.

Luzi: ... Dietmar ...

Dietmar: Du bist die schönste Frau für mich, Luzi.

Luzi: Ich liebe dich auch, bleibe bei mir. Du musst einfach immer bei mir bleiben, hörst du?

Dietmar: Ich brauche dich jeden Sekunden. Jeden Sekunde, wie der Hauch des Lebens, wie die Luft, wo ich atme. Ich brauche dich, Luzi, ich kann ohne dich nicht mehr Leben. Bitte lass mich nie alleine, Luzi.

[sie küssen sich]

Dietmar: Ich liebe dich so. So wahnsinnig lieb ich dich. Ich glaub ich könnt ohne dich gar nicht mehr leben ...

Luzi: ... Immer musst du bei mir bleiben. Immer musst du bei mir bleiben ... Ich seh mir das Leben ohne dich auch nicht mehr so vor.

Dietmar: Ich ...

Luzi: Es muss immer so bleiben wie heute. Immer.

Dietmar: Ich glaube, wenn ich das Glück verliere ...

Luzi: ... Dietmar! ...

Dietmar: ... wenn ich dich verlieren würde ...

Luzi: ... Dietmar! ...

Dietmar: ... ich würde mir das Leben nehmen ...

Luzi: Dietmar! Ich liebe dich! ...

Dietmar: ... Ich kann ohne dich nicht mehr Leben, Luzi.

Luzi: ... Ich liebe dich!

Dietmar: Luzi!

Luzi: Ich liebe dich!

Dietmar: Du bist so schön! So rein! Deine ganzen Art! Ich hab noch nie eine Frau geliebt, zum ersten Mal wo ich jemanden Liebe. Weißt du, der erste Tag wo ich dich kennen gelernt habe, ich wusste sofort, du bist die Richtige für mich.

Luzi: Für mich war das auch Liebe auf den ersten Blick. Du hast mir so gut gefallen, deine ganze Art. Du warst nicht so frech wie andere Männer.

Dietmar: Nein, ich kann das nicht sein. Ich, denn ich brauche selber viel Liebe und ich weiß, du liebst mich und lass mich nie allein. Ich will dich, ich flehe Dich an. Luzi! Ich liebe dich unwahrscheinlich!

Luzi: Musst immer bei mir bleiben, Dietmar, immer ...

Dietmar: Luzi.

Luzi: ... immer, wir müssen den lieben Gott darum bitten, dass er uns nicht auseinander bringt, hörst du?

Dietmar: Ich bin Gott so dankbar, dass ich dich kennen gelernt habe. Dass ich getroffen hab, dass eine Frau habe so wie dich ...

Luzi: Wir müssen zusammen bleiben. Wir müssen einfach zusammen bleiben. Ich liebe dich ...

Dietmar: ... Mach mich glücklich! ...

Luzi: ... Ich liebe dich ...

Dietmar: ... Mach mich glücklich, Luzi ...

Luzi: ... Ich liebe dich ...

Dietmar: ... Luzi, mach mich glücklich ...

Luzi: ... Ich liebe dich ...

Dietmar: ... Ich liebe dich, Luzi. Ich liebe dich unwahrscheinlich. Mach mich glücklich, Luzi.

Während der Szene legt Dietmar Luzi aufs Bett, sie entkleidet seinen Oberkörper und sie streicheln sich gegenseitig. Als Dietmar ihre Haare erwähnt, schiebt sie ihre Perücke zurecht. Als sie vom lieben Gott sprechen, schwenkt die Kamera auf ein Marienbild, das an der Wand über zwei Kerzen und einem Kreuz hängt.

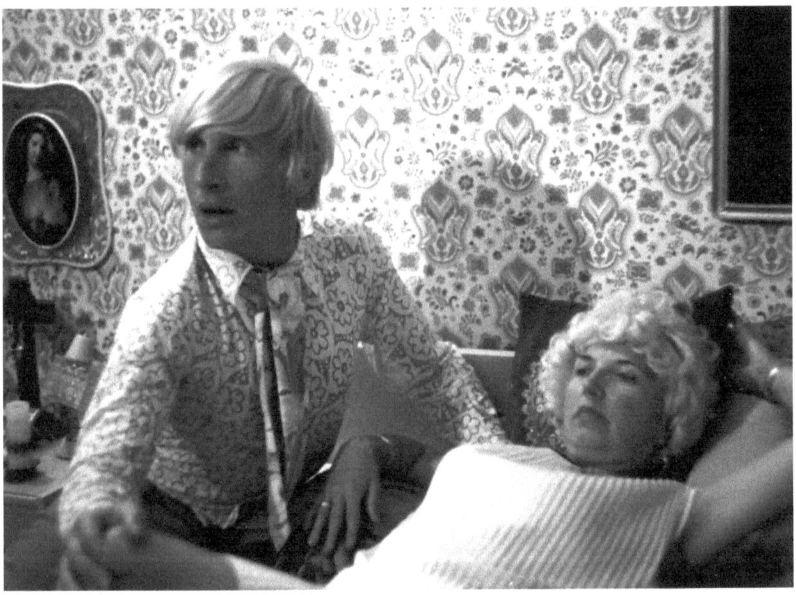

Abbildung 10: Liebesszene in DIE BETTWURST

Liebe macht blind. Dietmar ignoriert Luzis falsche Frisur und sieht über ihre längst verblühte Jugend hinweg. Thomas Koebner bemerkt allgemein zur Liebesszene im Film,

> dass die im Film übliche Standardsituation *Liebeserklärung* stets einer Normverletzung und Grenzannäherung oder Grenzüberschreitung, je nach Definition der Grenze, gleichkommt, wobei die Liebeserklärung oft den Charakter eines Zwangsimpulses aufweist, eines unabweislichen Geständnisses, das die Schicklichkeit von Ort und Zeit missachten kann, in jedem Fall aber mit der Wahl der richtigen Worte zu kämpfen hat. Stottern gehört zum Wesen dieser symbolischen Handlung, wenn sie denn ernst gemeint ist.[127]

Sämtliche von Koebner beschriebenen Elemente sind in DIE BETTWURST vorhanden und ins Groteske gesteigert. Luzi und Dietmar missachten die Regeln der Vernunft und können zudem keine Worte finden, um ihre Gefühle auszudrücken, was zu permanenten, immer lautstärkeren Wiederholungen ihrer Bekräftigungen führt. In ihrer verzweifelten Suche nach Ausdrücken fallen sich Luzi und Dietmar immer wieder ins Wort, was gleichermaßen die Unsicherheit der Filmfiguren Luzi und Dietmar in ihrer Liebe als auch die Unbeholfenheit der Darsteller illustriert. Ebenso kann die Liebe des Paares vom Zuschauer nicht ernst genommen werden. Der schwule Laiendarsteller Dietmar Kracht wirkt in seiner Art stets tuntig. Luzi indes kann ihr Alter nicht mehr verbergen und scheint für einen jungen Mann kaum attraktiv. Die beiden sind ein groteskes Paar. Unter Berücksichtigung von Praunheims Gedanken über die Institution der Ehe eröffnet sich ein weiterer Inter-

127 Koebner 2006, 57. Die Hervorhebungen sind aus dem Originaltext übernommen.

pretationshorizont dieser Bettszene. Praunheim betrachtet die Ehe als verlogen und spießig: »Ich finde die Ehe ist eine ziemlich miese Institution, die besonders die Frauen und die Kinder ziemlich unterdrückt.«[128] Luzi und Dietmar schwören sich, für immer zusammen zu bleiben, was einer Verlobungserklärung gleichkommt. Praunheim lehnt diese »verlogene« Form der Partnerschaft ab. Luzi und Dietmar geben sich ein Versprechen, das sie nicht halten können (wie es sich in BERLINER BETTWURST schließlich erweist). Die beiden erwähnen ihre Dankbarkeit gegenüber Gott, während ein kitschiges Marienbild gezeigt wird. Kirchliche und gesellschaftliche Konventionen drängen Luzi und Dietmar dazu, sich vielerlei Zwängen unterzuordnen und ein Leben nach normativen Vorbildern zu leben.

Die Travestie einer ganzen Biografie ist NICHT DER HOMOSEXUELLE IST PERVERS. Der junge Protagonist Daniel durchlebt alle klischeehaften Stationen eines zeitgenössischen Homosexuellen. Gleichermaßen kann man den Film als Parodie eines Bildungsromans begreifen: »NICHT DER HOMOSEXUELLE, too, emphatically mocks the biographical narrative as well as the time-honoured German genre of the Bildungsroman.«[129] Vito Russo betrachtet den Film, sehr amerikanisch, als »dime-novel story.«[130] Der Film ist ein in Form eines Lehrfilms vorgeführtes Stationsdrama[131],

128 Rosa von Praunheim im WDR, »Ich stelle mich« 1991, Ausschnitt enthalten in PFUI ROSA!.
129 Kuzniar 2000, 103.
130 Russo 1981, 203.
131 Siehe Kuzniar 2000, 93.

in dem der Protagonist klischeehafte Erwartungen erfüllt. Filmkritiker Jürgen Ebert entdeckt als Methodik des Films die »Perversion des Didaktischen« und die »Intoleranz der Toleranz«[132] als oberste Doktrin. Diese Form der Umdrehung einer allegorischen Erzählung wirkt auch in den USA besonders eindringlich, obwohl hier die Schwulenbewegung zum Erscheinen des Films in New York 1977 schon einige Schritte weiter gegangen ist als während der Premiere in Deutschland und sich bereits organisiert hat. Alice Kuzniar analysiert das Voiceover des Films: »[T]his pretentiously authoritative voice-over is also ironized, for in this postmodernist and self-reflexive film the function of allegoresis is mocked.«[133] Praunheim verfolgt damit den Zweck, Homosexuelle aufzurütteln, so dass sie sich ihrer Situation bewusst werden.

Besonders die letzte Szene des in tableauartigen Bildern erzählten Films weckt zahlreiche Assoziationen. Vor hellblauen Vorhängen und in blau-rosa Bettwäsche sitzen und liegen nackte Männer, die die Situation der Schwulen diskutieren. Zwischendurch werden besonders wichtige

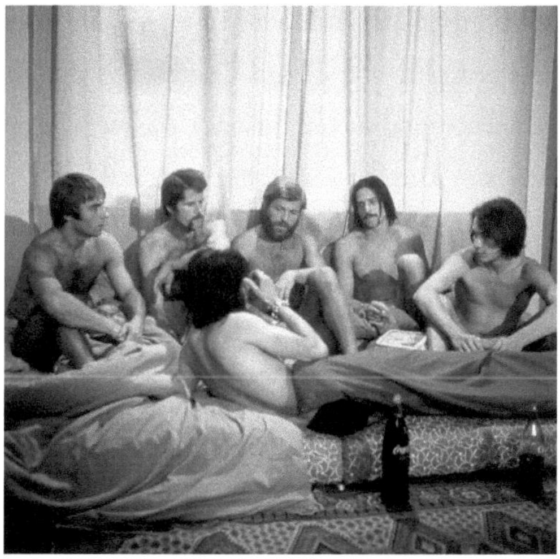

Abbildung 11: Nicht der Homosexuelle ist pervers, sondern die Situation, in der er lebt

132 Ebert 1971, 471.
133 Kuzniar 2000, 13.

Dialogzitate als vollbildliche Texttafeln mit weißer Schrift auf rosa Grund eingeblendet. Die revolutionären Forderungen wie »Raus aus den Toiletten, rein in die Straßen« passen nicht zu dem in Pastelltönen gemalten Bild, das viel mehr einer Abendmahlszene gleicht. Praunheim präsentiert eine rosa Kommune, die die rote Revolution zu einer rosa Revolution verkehrt.

Ähnliche Ansätze verwendet Praunheim mit ROSA ARBEITER AUF GOLDENER STRASSE, ROTE LIEBE und EIN VIRUS KENNT KEINE MORAL. Revolutionäre Zellen scheinen in Form und Inhalt bei Praunheim stets nicht zusammen zu passen. In EIN VIRUS KENNT KEINE MORAL sind es die Mitglieder der AOK (Armee der Ohnmächtigen und Kranken), die schon aufgrund ihres mit der Krankenkasse assoziierten Namens ein Schmunzeln beim Zuschauer aufkommen lassen, in ROTE LIEBE sind es die absurden Forderungen von Helga Goetze (»Alle Schulen schließen, die Kinder schmusen und ficken lassen«), die zwangsläufig zu einer ironischen Haltung des Zuschauers führen und in ROSA ARBEITER AUF GOLDENER STRASSE - 2. TEIL sind es die von Carla Aulaulu formulierten Forderungen (»Nieder mit der Intelligenz, es lebe der Tod«), die jeglichen Ernstes entbehren.

Humor beweisen Praunheims Charaktere auch in ihren stofflichen Verkleidungen – den phantasievollen Kostümen, die sie tragen. In TUNTEN LÜGEN NICHT präsentiert Bev Stroganov außergewöhnliche Mode. In SCHWULER MUT führen Tunten durch den Film und allein Ovo Maltine trägt dort 22 ausgefallene Kostüme: Einmal nutzt sie ein Zitronensaft-

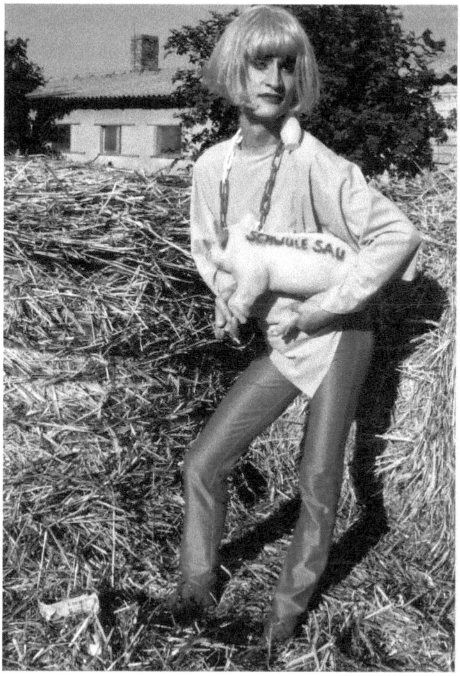

Abbildung 12: Schwuler Mut

fläschchen als Ohrring, mal kleidet sie sich als goldene »Miss CSD« und mal als Lehrerin im Kostüm mit Zeigestock. In ihrer Rolle als Tunte karikiert sie zahlreiche Charaktertypen, sogar eine Nonne. Ebenso auf 22 Einkleidungen kommt Désirée Nick in Neurosia, Luzi Kryn hat zwar in jeder Szene in Die Bettwurst ein anderes Kleid an, kommt aber »nur« auf 13 Outfits[134], während sich Lotti Huber in Horror Vacui immerhin noch zehn mal verkleiden darf – inklusive ihrer Rolle als Professor. Rollentausch und Verkleidungen sind in diesen Filmen ein Spiel, an dem Figuren und Darsteller gleichermaßen partizipieren. In Neurosia erwähnt Darsteller Friedrich Steinhauer (Anita, Horror Vacui) seine Kleidersucht. Besonders auch in Stadt der verlorenen Seelen und Nicht der Homosexuelle ist pervers sind eine Vielzahl von Kostümwechseln und Cross-Dressings zu beobachten. In den Dokumentationen sind solche Wechsel auch vorhanden, beispielsweise präsentiert sich Tally Brown in vielen verschie-

134 Sie ist allerdings zusätzlich mit weiteren Kleidern auf Fotos im Film zu sehen.

denen Kleidern. Diese Veränderungen liegen jedoch in der Natur eines Dokumentarfilms, der seine Protagonisten in verschiedenen Situationen begleitet. Gleichfalls inszenieren sich natürlich auch Tally Brown oder Evelyn Künnecke vor der Kamera. Sich zu verkleiden bereitet auch Rosa von Praunheim Freude – in Talkshows ist er stets in neuen, anderen aufwändigen Bekleidungen zu sehen – mal im roten Jackett mit Federschmuck auf dem Kopf, aber auch ganz schlicht im schwarzen Hemd. Bei öffentlichen Auftritten – wie seiner 65. Geburtstagsgala – wechselte er vor jedem Betreten der Bühne die Kopfbedeckung und setzte sich unter anderem ein gummiartiges Kuheuter auf. Diese Kostüme machen die Welt und die Filme Praunheims bunter; sie zeigen Kreativität und Humor. Nur als Frau verkleidet sich Praunheim – trotz seines Tuntennamens – nicht.

3.4 Rosa von Praunheim als Voyeur und Gestalter

»Ich liebe es, Porträts zu filmen, Menschen zu beobachten. Ich glaube, ich bin ein perfekter Voyeur [...].«[135] Dass sich Praunheim selbst als Voyeur sieht, ist für seine Filme bezeichnend. Tatsächlich filmt er gesehenes und wahrgenommenes Leben oft ähnlich wie vorgefunden ab und gestaltet es dann im Schnitt.[136] Immer wieder steht dabei die Beobachtung von ungewöhnlichen Menschen im Vordergrund. Auch in größten-

135 Praunheim 1991, 297.
136 Siehe Praunheim 1995, 242.

teils inszenierten Filmen bringt er sich und den Zuschauer in eine voyeuristische Position. Kreimeier bemerkt in NICHT DER HOMOSEXUELLE IST PERVERS eine »pirschende Kamera«[137]. Wie aus Bernhard Grzimeks Tierfilm-Serie EIN PLATZ FÜR TIERE (1957-1987) entnommen, mutet der Kommentar des Sprechers an:

> Die Mehrzahl der Schwulen gleicht dem Typ des unauffälligen Sohnes aus gutem Hause, der den größten Wert darauf legt, männlich zu erscheinen. Er führt ein verlogenes Doppelleben und hat große Angst, als Schwuler erkannt zu werden. Sein größter Feind ist die auffällige Tunte. Tunten sind weibische Homosexuelle, die versuchen, das Gehabe der hysterischen Frau nachzuahmen. Sie schminken sich und sind der Schrecken des Spießers und des angepassten Schwulen, der durch sie verraten werden könnte.[138]

Der Zuschauer begibt sich zusammen mit dem Regisseur auf eine Safari und entdeckt mit ihm die Eigenarten einer schwulen Spezies, die sich vor sich selbst versteckt. Die aus DIE BETTWURST besprochene Liebesszene hingegen offenbart derartig viele Intimitäten, dass die Nähe der Kamera erdrückt und den Zuschauer peinlich berührt, indem sie die Privatsphäre der Figuren durchdringt.

> Zu diesem Spiel verhält sich Rosa von Praunheim nicht als Regisseur, als principum formans, als Lenker und Zerstörer menschlich-darstellerischer Substanz, sondern als Voyeur: ich guck wahnsinnig gern zu, sagt er. DIE BETTWURST wurde so zu einem subversiven Dokumentarfilm.[139]

137 Kreimeier 1984, 40.
138 Filmzitat, NICHT DER HOMOSEXUELLE IST PERVERS.
139 Kreimeier 1984, 40.

Durch Praunheims voyeuristische Inszenierung werden die Spielfilme gleichfalls zu Dokumentationen; aus heutiger Sicht im Falle von DIE BETTWURST ebenso zu Zeitdokumenten eines bürgerlichen Lebensgefühls der 70er Jahre.

Zwischen Filmer und Gefilmten steht bei Praunheim ein gegenseitiges Beobachtungsverhältnis. Stärkstes Indiz dafür ist Luzi Kryns permanenter Blick ins Kameraobjektiv – unmöglich in der traditionellen Filmästhetik, nach der die Filmfiguren sowohl im Spiel- als auch im Dokumentarfilm nie direkt in die Kamera schauen, da es durch den hierbei entstehenden direkten Blickkontakt mit dem Zuschauer zwangsläufig zu einem Illusionsbruch käme. Durch ihren Blick zeigt Luzi, dass sie sich vor Praunheims Kamera selbst inszeniert, die Filme nutzt sie für sich als Spiegel. »Luzis Blicke ›spielen‹ mit dem Kameraobjektiv, weil die Anwesenheit der Kamera viel mit ihren Wünschen zu tun hat«[140], stellt Kreimeier fest. So wie sie in Katalogposen für Fotos modelt, so inszeniert sie sich vor der Filmkamera. Gleichzeitig spiegelt sich hierin auch Misstrauen gegenüber dem Regisseur wider: Nur ihrer kontrollierten Selbstinszenierung vertraut sie.

Der Schauspielerin und Sängerin Tally Brown bietet Praunheims Kamera im Dokumentarfilm über ihr Schaffen, TALLY BROWN, NEW YORK (1979), bereits vorab große selbstinszenatorische Freiheiten und beschränkt sich auf eine geduldige Beobachtung ihrer Person. Der Film beginnt mit einem ihrer Cover-Songs. »We could be heroes, just for one day«[141] singt sie und sitzt auf einem Hocker allein im Studio. Langsam

140 Kreimeier 1984, 41.
141 Ihr Song ist eine Interpretation von David Bowies »Heroes«.

fährt die Kamera an sie heran. Ein Kritiker lobt den respektvollen Umgang Praunheims mit Brown:

> Sie singt – und wenn sie singt, dann zeigt Rosa von Praunheim das von Anfang bis zum Ende und demonstriert nicht irgendwelche Schnittkunststücke. Man hat als Zuschauer Zeit und Ruhe, sich ganz auf die singende Tally Brown einzulassen, alle Verwandlungen, die sie während eines Stückes durchmacht, regelrecht mitzuerleben.[142]

Der Verzicht auf viele Schnitte ist eine Stärke des Films. Browns vereinnahmendes Wesen und Erscheinungsbild sind wirkungsvoll genug, um ohne filmische Montage für sich stehen zu können, so dass sie viele Songs ungeschnitten darbieten kann.

Zum Kurzfilm WAS DIE RECHTE NICHT SIEHT, KOMMT ERST RECHT AUS DEM OHR HINAUS (1972) bemerkt ein Kritiker, wie dieser vom »genauen Blick auf plötzlich fremd werdende Gesten und Mimiken«[143] lebt. Im Film werden abwechselnd der gesunde Körper des Darstellers Steven Adamczewski und der des verbrannten Rainer Kranich abgeschwenkt. Einen ähnlichen körperlichen Kontrast filmt Praunheim in ROSA ARBEITER AUF GOLDENER STRASSE - 1. TEIL, in dem er eine nackte Liebesszene zwischen Kranich und Carla Aulaulu inszeniert. Die Kamera fängt das Zusammenspiel des verbrannten und des gesunden Körpers ein. Durch die im Film dargestellte, gleichermaßen anziehende und abstoßende Körperlichkeit wird die Schaulust des Zuschauers auf die Probe gestellt. So wie Kranichs Körper entstellt ist und die Pietät ein Wegschauen gebietet, so

142 Thome 1979, 4.

143 Filmkritik aus der *Süddeutschen Zeitung* vom 06.07.72, entnommen aus Schmid 1973, 55.

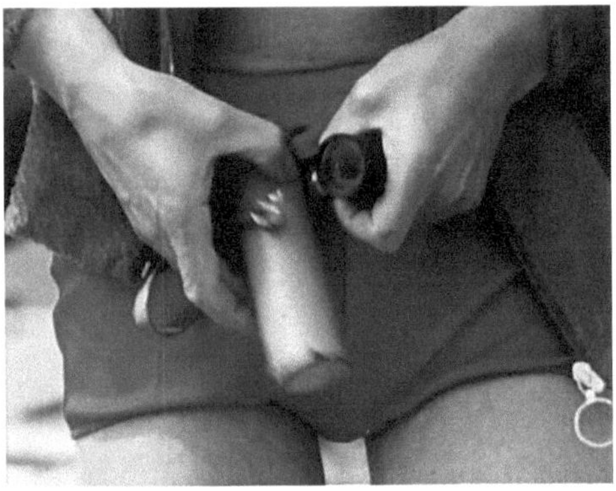

Abbildung 13: Dietmars Badehose in Die Bettwurst.

kann das Publikum sich dessen Faszination der filmischen Darstellung nur schwer entziehen.

Viele Filme zeigen im klassischen Sinne voyeuristische Bilder mit sexuellen Konnotationen. In Die Bettwurst steht Dietmar Kracht mit einem Fernrohr am Hafen. Die Szene beginnt mit einem Close-Up, in dem er den zylinderförmigen Behälter des Rohres an seiner Badehose befestigt. In Nicht der Homosexuelle ist pervers wird ganz unverhohlen der muskulöse Körper eines jungen Mannes beim Cruising abgeschwenkt, inklusive einer Nahaufnahme davon, wie er seine Hosen öffnet und eine eng anliegende Badehose zum Vorschein kommt. Blicke auf körperliche Details müssen nicht immer ästhetisch sein: In Rote Liebe und Stadt der verlorenen Seelen holt Helga Goetze ihre Brüste, »weich wie Pudding«[144], hervor und hält diese stolz in die Kamera. Männer können bei Praunheim in ihrer Männlichkeit attraktiv und begehrlich sein, wie der starke Typ in Nicht der Homosexuelle ist pervers, Mr. World in Leidenschaften und Mr. Frankfurt in Rosa von Praunheim zeigt (1975), aber auch unansehnlich, wie der entstellte Rainer Kranich oder der hagere Dietmar Kracht in seiner Duschszene in Die Bettwurst.

144 Filmzitat, Helga Goetze in Rote Liebe.

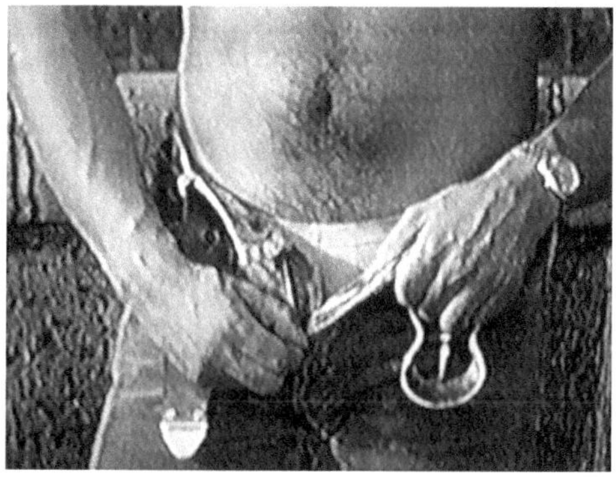

Abbildung 14: Badehose in NICHT DER HOMOSEXUELLE IST PERVERS.

Frauen sind stets reifer und scheinen wenig begehrlich, wie Helga Goetze oder Lotti Huber, die in ANITA ihr Gesäß präsentiert.

In Praunheims Filmen scheint die Kamera manchmal unwissend darüber, was im nächsten Schritt der Handlung passiert, und nimmt die Rolle eines Beobachters ein. In der dokumentarischen Arbeit ist eine andere Herangehensweise manchmal nicht möglich, aber auch im Spielfilm zeigt Praunheim bewusst das Suchen des Kameraobjektivs. In der Eröffnung von LEIDENSCHAFTEN macht Elfi Mikeschs Kamera Fritz mühevoll in einer Menschenmenge aus, als suche sie sich nach freien Stücken einen beliebigen Protagonisten heraus. Ebenfalls in LEIDENSCHAFTEN beobachtet die Kamera zusammen mit Fritz Auffälligkeiten fremder Länder aus der Sicht des deutschen Filmteams. In New York stellt er sich auf einen der zahlreichen Gullis, aus denen Dampf aufsteigt. In ÜBERLEBEN IN NEW YORK beschreiben die porträtierten Frauen ihre Eindrücke von der Stadt, die Praunheims in *50 Jahre pervers* beschriebenen Impressionen gleichen.[145] Über ihren Kommentar sind Bilder von Müll und Armut zu sehen, eine Faszination des Schreckens. In TALLY BROWN wird der Film mit einem Schwenk von einer glitzernden Leuchttafel, die Tally Browns Show an-

145 Siehe Praunheim 1995, 134f.

kündigt, über einen Platz mit Lichtern, Verkehr, Menschen und Müll eröffnet. »Die Verzweiflung und der Glitter, das Geld, der Konsum und der Dreck gehören hier ganz eng – und mit einem einzigen Schwenk zu erfassen – zusammen«[146] stellt Doris Dörrie in einer Filmkritik fest. Praunheim gelingt es, in einem Schwenk vieles über die Gegensätze der Stadt zu sagen. Zahlreiche Impressionen aus New York folgen im Film. Zusammen mit Tally Browns rauchiger Stimme und ihrem vereinnahmenden Gesang bekommen die Bilder des rauen städtischen Alltags etwas Poetisches. Der Film beobachtet und kombiniert, wie man es von einer gelungenen Dokumentation erwartet. Stets wird uns jedoch auch die gestaltende Arbeit des Filmteams in Erinnerung gerufen. Wahllose Zooms auf das World Trade Center und andere Kameraexperimente sind in TALLY BROWN ungeschnitten enthalten, genauso wie in ARMEE DER LIEBENDEN ähnliche, sich wiederholende Zooms auf Plakate und Verkehrsschilder zu finden sind. Was Praunheim und der Zuschauer sehen, ist in TALLY BROWN genau gewählt. Nie dringt der Film in Browns Privatleben ein, sondern zeigt nur, wie sie sich öffentlich darstellt. Ihre Wohnung, über die sie im Film viel spricht, ist nie zu sehen. Es ist nur ein Film, eine Sichtweise auf Browns Leben.

Ebenso zeigen die Filme eine genaue Beobachtung, die in der Inszenierung wieder gegeben wird. ANITA orientiert sich teils an der Kadrierung des Stummfilms und versucht, eine Stummfilmästhetik herzustellen. Nach oben blickend, legt Anita ihren Kopf an die Brust ihres Tanzpartners Droste, von dem nur der Hals im Bild angeschnitten ist. Auf

146 Dörrie 1979, 27.

dem Boden des Krankenzimmers liegend, versucht Frau Kutowski Anitas Tanzposen nachzuahmen, im Schnitt schließen sich diese nahtlos an Anitas echte Tanzdarbietungen an. »Für mich ist der Schnitt meist das Befriedigendste an einem Film«[147], sagt Praunheim. »Es ist ungeheuer spannend zu sehen, wie aus vielen kleinen Versatzstücken langsam ein Inhalt entsteht, eine Geschichte, Leben entsteht.«[148]

Den Schnitt nutzt Praunheim für ironische Kommentare, wenn z. B. in Ich bin meine eigene Frau nach dem Lesen eines »Anal-Atlas« ein Gurkenhobel zu sehen ist. In Unsere Leichen leben noch besprechen die Frauen auf einer Autofahrt ihre Ängste und Sorgen über die kommende Woche bei Lotti Huber. Dazu sehen wir die Bilder, wie Hubers Schlange Esmeralda eine weiße Maus frisst. Zuvor hatte Huber die Gäste als Ratten angekündigt. In Ratten 07 (2003) ist bei Interviews mit den obdachlosen Protagonisten von ihrer Gefängnisvergangenheit und Totschlagsanklagen die Rede. Dazwischen geschnitten ist ein von der Truppe »Ratten 07« geprobtes Stück, in dem es um Mord geht. Ebenso dient der Schnitt auch dazu, um die Tragik verschiedener Situationen darzustellen. Gleichfalls in Ratten 07 sehen wir den Protagonisten Tommy beim Sport, im nächsten Bild sitzt er nach einem Unfall gelähmt im Rollstuhl. Mit harten Schnitten verdeutlicht Praunheim Schicksale, die nicht filmisch geglättet werden.

147 Praunheim 1995, 242.
148 Praunheim 1995, 242.

4. Menschenbilder

»Laster! Oh Sehnsucht des Bürgers!«
Zwischentitel in ANITA

4.1 Menschen im Fokus

In seinen Filmen zeigt Praunheim Menschen, die sein Interesse geweckt haben. Oft zeichnen sich diese durch eine besondere Willensstärke sowie charakteristische Eigenarten aus. Meist stehen sie als Außenseiter am Rande der Gesellschaft. Alternde Frauen und Schwule haben gemein, dass ihre Sexualität tabuisiert wird. Praunheim begeistert sich für Menschen, die sich – ähnlich wie er – gegen gesellschaftliche Missstände stellen und ungehemmt ihre eigene Position vertreten. Er weckt somit nicht nur Mut zum Altern, sondern vor allem Mut zum Anderssein.

Praunheim ist bekannt für seine persönlichen Frauenporträts und die besonderen Frauenrollen in seinen Filmen. Er feiert die Andersartigkeit der Protagonistinnen. Bei der Darstellung von Schwulen zeigt sich in Praunheims Filmen eine Entwicklung. Von NICHT DER HOMOSEXUELLE IST PERVERS über ARMEE DER LIEBENDEN und SCHWULER MUT werden die Protagonisten stets positiver dargestellt. Ein Kritiker stellt fest: »[In seinen Dokumentationen] zeigt er, was ihn groß macht: eine Liebe zum Menschen, die seine Eigenliebe übersteigt.«[149] Praunheim zeigt jedoch

149 Gessler 2007.

nicht nur Menschen, die er bewundert, sondern ergründet auch solche, deren Widersprüchlichkeiten und Andersartigkeit ihn faszinieren. In RATTEN 07 und KÜHE VOM NEBEL GESCHWÄNGERT (2002) begleitet er mit viel Sympathie eine Gruppe von Obdachlosen. In MÄNNER, HELDEN, SCHWULE NAZIS (2005) interviewt Praunheim Mitglieder der schwulen Neonazi-Szene und versucht, deren widersprüchliche Weltvorstellung um Männlichkeitskult und Selbsthass zu verstehen. In ARMEE DER LIEBENDEN übt die christliche Fundamentalistin Anita Bryant auf ihn eine große Faszination aus. Praunheim versucht Themen zu ergründen, ohne sich dabei von seiner persönlichen Abneigung leiten zu lassen.

Es wurde bereits festgestellt, dass Praunheim Menschen in seinen Filmen oft auf geradezu voyeuristische Weise studiert. Aufgrund der Erkenntnisse seiner besonderen Inszenierungstechniken ist es von Bedeutung zu untersuchen, welche Ergebnisse Praunheim in diesen filmischen Studien erzielt. Sein Blick auf die Frauen, die Schwulen und ihm fremde Lebenseinstellungen ist dabei hervorzuheben, da diese die Hauptthemen der Filme sind.

4.1.1 Frauen

Das exzentrische Wesen von Luzi Kryn übt eine besondere Faszination auf Praunheim aus. DIE BETTWURST ist sein erster großer Publikumserfolg. In sechs weiteren Filmen hat Luzi Auftritte: In SCHWESTERN DER REVOLUTION, WAS DIE RECHTE NICHT SIEHT, BERLINER BETTWURST, UNSERE LEICHEN LEBEN NOCH, NEUROSIA und CAN I BE YOUR BRATWURST, PLEASE?. Sie ist also in vier Langfilmen und drei Kurzfilmen zu sehen. Zusätzlich widmete Praunheim ihr einen Bildband[150] und eine Ausstellung[151] über ihr Leben.

In den Filmen sind immer wieder biografische Details der realen Person Luzi Kryn enthalten. Sie berichtet in DIE BETTWURST über eine tragische Liebesgeschichte, an deren Ende ihr Freund sie umzubringen versuchte; sie erzählt von ihrer Vergangenheit in Polen und der Übersiedlung nach Deutschland. Auch vom Leben mit ihrer Mutter, deren Grab in DIE BETTWURST gezeigt wird, erzählt sie. Gleichfalls holt sie im Film ihr reales Familien-Fotoalbum hervor, in dem Bilder ihrer verstorbenen Mutter, aber auch die einer Zentralheizung zu sehen sind. Tragik und (aus Luzis Sicht eher unfreiwillige) Komik liegen bei Praunheims Filmcharakteren nah zusammen. Man kann ihm nicht vorwerfen, Dinge zu beschönigen; vorgefundene Charaktereigenschaften nutzt er sinnstiftend für die Filme. 24 Jahre nach DIE BETTWURST berichtet die vom Leben gezeichnete Luzi in NEUROSIA von einer Krebserkrankung und davon, dass die Ärzte bereits ihr Todesurteil gesprochen hätten. Vier Jahre später, in CAN I BE YOUR BRATWURST, PLEASE?, stellt sie im Alter von 80 Jahren mit Pornodarsteller Jeff Stryker die Liebesszene aus DIE BETTWURST nach. Ihr Gesicht ist aufgequollen, sie wirkt geschwächt. Vieles ist ihr dennoch geblieben: ihre schrille Stimme, ihr kontrollierender Blick in die Kamera und ihr Optimismus. Arbeiten möchte sie, bis sie tot umfalle, verkündet sie noch in NEUROSIA. Dabei geht sie keiner besonders faszinierenden Tätigkeit nach: Sie ist in einem Institut für Va-

150 Siehe Praunheim 2006.
151 Siehe www.tante-luzi.de.

terschaftsbestimmung tätig. An ihrer Arbeitsstelle zeigt Praunheim sie allerdings nie.

Luzis Lebensfreude scheint unter anderem von ihrem unbeirrbaren Glauben herzurühren. Sie ist der Überzeugung, alle Stationen des Lebens seien vorherbestimmt, wie sie in BERLINER BETTWURST erzählt. Stets bleibt sie fest im Katholizismus verwurzelt und berichtet in NEUROSIA darüber, wie sie auf Pilgerfahrten nach Lourdes neue Kraft schöpft. Ihre Religiosität ist eine Ursache für den in DIE BETTWURST angedeuteten Hang zu religiösem Kitsch. Praunheim erklärt ihre Affinität zu bunten Farben und schrillen Dingen mit ihrer langen Zeit in Polen, wo während des grauen Kommunismus die Wege zur Konsumkultur allgemein stark eingeschränkt waren.[152] Luzi kostet die Möglichkeiten und die Fülle eines neuen Lebens aus; sie fühlt sich jung, da sie im Westen ihr Leben neu beginnen konnte und eine beinahe kindliche Faszination für ihre Umwelt hegt. Was andere über sie denken, ist ihr egal. »Sie ließ sich von keinem anpöbeln oder auslachen und wußte genau, wer sie war: eine Königin des Kitsches.«[153]

Praunheim lernte »Tante Luzi« früh auf Familienbesuchen kennen, da sie tatsächlich mit ihm verwandt ist.[154] Vielleicht hat sie bereits im jungen Holger Mischwitzky ein Interesse an außergewöhnlichen Charakteren geweckt. Auf jeden Fall muss ihm die Begegnung mit Luzi im bürgerlichen Frankfurt-Praunheim gezeigt haben, dass Menschen auch jenseits gesellschaftlicher Normen glücklich leben können. Wie Luzi

152 Siehe Praunheim 1995, 97.
153 Praunheim 1995, 97.
154 Siehe Praunheim 2006, o. S.: »Lucy [sic] ist die Tochter der Schwester meines Großvaters väterlicherseits.«

ihre Andersartigkeit offen auslebt, so tut dies auch Praunheim später selbst. Luzi hat für ihn die Rolle eines frühen Vorbilds.

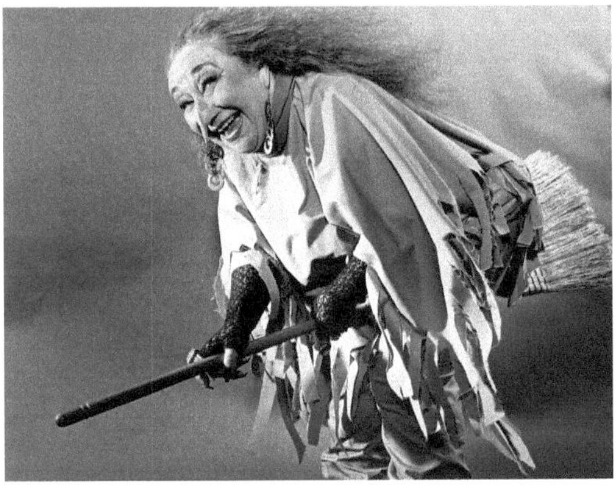

Abbildung 15: Lotti Huber in Affengeil

Luzi Kryn in ihrer Art am nächsten kommt Lotti Huber. Vieles ist bei Huber dennoch extremer: ihre schicksalhafte Vergangenheit als Jüdin während der NS-Zeit, sowie auch ihre besonders vitale, spätere Arbeit als Kabarettistin. Praunheim zeigt Lotti Huber in sieben Langfilmen: Unsere Leichen leben noch, Stadt der verlorenen Seelen, Horror Vacui, Ein Virus kennt keine Moral, Anita, Affengeil und kurz in Neurosia. In Horror Vacui und Anita spielt sie zwei schauspielerisch aufwändige Doppelrollen, in Affengeil wird ihr Leben porträtiert.

Auch Lotti Hubers Leben und Charakter wird von Praunheim nicht erzählerisch geglättet. In Affengeil erzählt sie von ihrer Vergangenheit. Als Jüdin wurde sie ins Konzentrationslager deportiert, konnte aber durch eine Entlassung nach Zypern fliehen. Huber berichtet von ihren verstorbenen Männern und der Ermordung ihrer ersten großen Liebe durch die Nationalsozialisten: Aufgrund von »Rassenschande« wurde ihr »arischer« Freund erschossen. Praunheim fasziniert – den Zuschauer ebenso – dass sich Lotti Huber ihr Leben nicht zerstören ließ. Es schiene nur verständlich, wenn sie die gesellschaftlichen Umstände beklagen und die Geschichte zur Verantwortung ziehen würde. Huber äußert jedoch nie eine einzige solche Klage, sie kann ihr Leben trotz widriger Umstände genießen – oder vielleicht gerade erst durch deren Überwindung? Eine Kritikerin bemerkt, dass Lotti Huber auch die Sehnsüchte ihres Geschlechts und ihrer Generation anspreche, »daß es jenseits von Friedhofsbesuch und Butterfahrt im Alter etwas anderes geben kann – Spaß.«[155] »Affengeil ist das Leben«, singt Huber. In AFFENGEIL bringt sie ein Altnazi in Rage. Als Huber zusammen mit einer Freundin auf einer Bank Platz nimmt, geht zufällig ein älterer Herr vorbei. Praunheim lässt die Kamera laufen, während der Mann mit Huber ins Gespräch kommt. Sehr bald – unwissend um Hubers Vergangenheit – versucht er die Verbrechen des Dritten Reiches zu rechtfertigen und kehrt Stereotypen über Juden hervor. Huber bricht das Gespräch ab und strengt sich an, ihre Wut im Zaum zu halten; Praunheim versucht dies mit der Kamera zu erfassen. Sie scheint mehr enttäuscht als empört. So wie sie stets an das Gute im Menschen glaubt, wünscht sie dem Alten jedoch, er möge bald sterben und Platz für eine neue Generation machen.

Immer wieder beschäftigt sich Praunheim mit dem Nationalsozialismus, sei es durch die Dokumentation von dessen Schwulenverfolgung oder dessen Einfluss auf Kunst und Kultur. Durch die Zeitzeugin Lotti Huber findet er einen direkten Themenzugang. Dabei werden Huber selten schmerzhafte oder detaillierte historische Fragen gestellt. Praun-

155 Supp 1990, 246.

heim fragt sie nicht nach dem Leben im Konzentrationslager oder ihren Gefühlen über diese Zeit, sondern lässt sie berichten, was ihr wichtig ist. Die Person Hubers steht im Vordergrund. Oft zeigt Praunheim sie auf der Bühne als Entertainerin, wie sie mit ihrer Kabarettshow in Tänzen und Gedichten das Publikum unterhält.

Ähnliche Freiheiten scheint Tally Brown zu erhalten. Im Film TALLY BROWN, NEW YORK wird nur ihr öffentliches Bild, nicht aber ihr Privatleben und die Wohnung gezeigt, von der sie dennoch oft spricht. Praunheim hätte Brown noch in weiteren Projekten gern gesehen, die jedoch scheiterten[156]. Nur in LEIDENSCHAFTEN und UNDERGROUND AND EMIGRANTS hat sie noch weitere, kurze Auftritte. Neben den erfolgreichen Auftritten als Sängerin und Künstlerin filmt Praunheim ebenso die Schattenseiten von Tally Browns Leben. Mürrisch zeigt Brown ihm auf einer Autofahrt die Apparatur, die

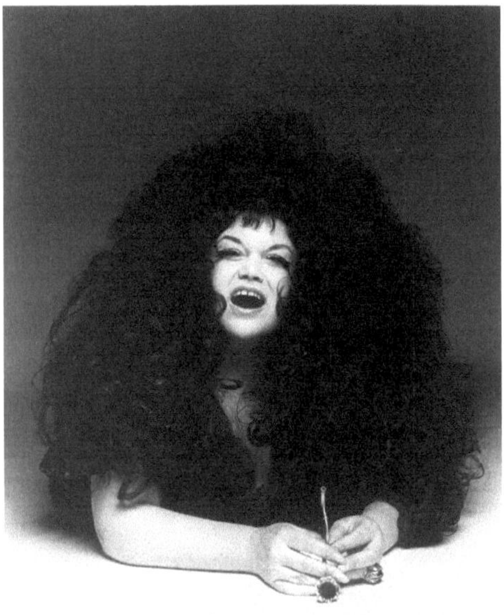

Abbildung 16: Tally Brown

156 Von einigen dieser Projekte berichtet Praunheim in *Sex und Karriere*, siehe Praunheim 1991.

ihr kaputtes Knie stützen soll. Erst hier wird klar, warum sie bei ihren Auftritten stets sitzt und beim Gehen humpelt. Bei einem Bühnenunfall ist die korpulente Brown gestürzt, nach zwei Jahren stellte ihre amerikanische Krankenkasse die Zahlungen ein. Doch auch die von Schicksalsschlägen gezeichnete Brown verliert ihren Optimismus nicht und geht weiter ihrem Gesang und ihrer Kunst nach. Andererseits – was bliebe ihr auch übrig? Ihre Auftritte sind für sie notwendig, um Geld zu verdienen und nicht ihre Wohnung zu verlieren.

Brown kümmert sich ebenso wie Luzi nicht um das Bild der Gesellschaft von ihr. Am Strand von Florida geht sie mit Poncho, Hut und Schal rauchend spazieren und zieht die Blicke der an der Promenade sitzenden Rentnerinnen auf sich. Sie spricht über ihre in Florida lebende, kranke Mutter und ihre Bewunderung für ältere Menschen, die sich über ihr Alter hinwegsetzen. Genau wie Huber liebt es Brown als Entertainerin im Mittelpunkt zu stehen.

Dass ihr »spießige« Konventionen nichts bedeuten, heißt allerdings nicht, dass ihr die bürgerliche Welt egal sei. Sie berichtet fasziniert von ihren Erlebnissen in Las Vegas, wo sie oft nächtelang aufgetreten ist. »I saw women selling their jewelry, I saw men selling their wives. I saw incredible theatre in those casinos.« Brown faszinieren Menschen in Extremzuständen; sie vergleicht die Casinos mit dem Theater. Aus der Beobachtung von Menschen holt sie sich Ideen für ihre eigenen Vorstellungen. Ähnlich wie Praunheim lässt sie sich vom Leben inspirieren. Gleichermaßen wendet sie sich vom Mainstream ab. Sie schwärmt von

»echter Dekadenz« und berichtet von ihren Auftritten mit Kultstatus in einer Schwulensauna:

> Over the years, as it began to become too famous, all those middle class bourgeoisie would come in and come to cabaret bars at night to see what all those freaks were doing. It ceased to be a turn on and ultimately it ceased to be. […] I thought it's time to get out.

Brown beschreibt das Phänomen einer kulturellen Gentrifizierung und der Entwicklung einer Untergrundkultur hin zur Bürgerlichkeit. Sie selbst möchte in diesem Untergrund bleiben und ihre Andersartigkeit bewahren, ihren Vorreiterstatus aufrecht erhalten. »You're beautiful. Give me your hands«, ermutigt sie ihr Publikum bei einem am Ende des Films gezeigten Auftritt. Sie liebt ihr Publikum und obwohl sie selbst nicht mehr viel Kraft zu haben scheint, rafft sie sich auf, um ihr Leben zu leben, ihre Lebensphilosophie zur Schau zu stellen und Andere zu ermutigen.

Luzi Kryn, Lotti Huber und Tally Brown sind sehr unterschiedliche Charaktere. Sie sind Diven verschiedener Couleur, die sich kaum friedlich bei einem Treffen versammeln könnten.[157] Dennoch haben sie Gemeinsamkeiten: Sie sind Selbstdarstellerinnen und leben ihre Andersartigkeit aus. Diese Eigenschaft teilt Praumheim mit ihnen. Er zeigt das

157 Tatsächlich berichtet Praunheim von Konflikten zwischen Luzi Kryn und den anderen Frauen während der Dreharbeiten zu UNSERE LEICHEN LEBEN NOCH in Praunheim 2006, o. S.: »Lucy [sic] war gewohnt, bei mir der Star zu sein und konnte die anderen Frauen nicht leiden. Lotti Huber rauchte ihr zu viel, Maria trank ihr zu viel und Madlen war ihr zu lesbisch und Inka zu eingebildet.« Siehe auch Maerker/ Roth 1984, 59.

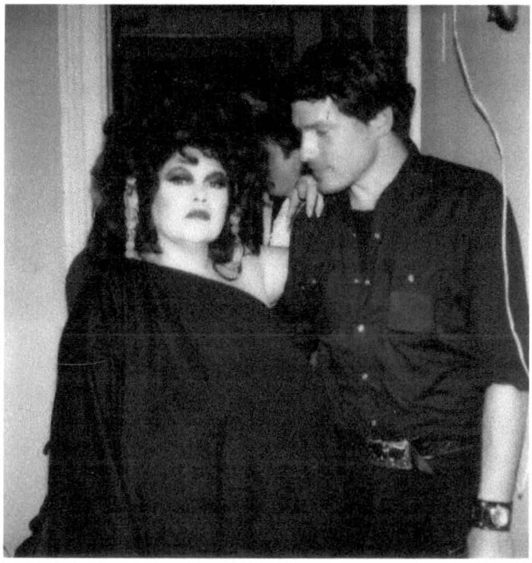

Abbildung 17: Tally Brown mit Rosa von Praunheim

Leben der Frauen, so wie er auch sein eigenes in NEUROSIA und PFUI ROSA! zeigt.

»Mit ihrem aufgedunsenen Gesicht, ihren schwarz zugekleisterten Augen und ihrem grellrot angemalten Mund voll schlechter Zähne verhöhnt sie das gängige weibliche Schönheitsideal«[158], stellt Doris Dörrie über Tally Brown fest. Gleiches trifft auf die Auftritte von Luzi Kryn und Lotti Huber zu. In extravaganten Outfits und Makeup, das eher an Kampfbemalung erinnert, entwerfen sie ein neuartiges Bild von Weiblichkeit, wie es Rosa von Praunheim gefällt. Helmut Schödel beschreibt Evelyn Künneke, eine weitere große Selbstdarstellerin in Praunheims Filmen: »über einer weißen Boa ein fettes Gesicht, blondierte Locken, zwei Augen als zwei Tuschflecken, die knallrot geschminkten Lippen zum Schmollmund verzogen, bräunlicher Kleister über den Falten. [...] Künnekes Schönheit ist [...] ihre Künstlichkeit.«[159] »[D]ie Frauen in Praunheims Filmen karikieren ihre gesellschaftliche Rolle als Frau«[160], stellt er zudem fest. Die Frauen sind Travestien ge-

158 Dörrie 1979, 27.
159 Schödel 1979.
160 Schödel 1979.

sellschaftlich auferlegter Rollenbilder. »Ich bin ein Antistar und find' es wunderbar«, bringt Künneke ihre Lebens- und Rollenauffassung singend auf den Punkt.

AXEL VON AUERSPERG, MONOLOG EINES STARS, ROSA VON PRAUNHEIM ZEIGT, ICH BIN EIN ANTISTAR. DAS SKANDALÖSE LEBEN DER EVELYN KÜNNECKE (1976) und NEUROSIA zeigen Evelyn Künneke im Rampenlicht. Sie hatte ein gänzlich anderes Schicksal als Lotti Huber. Während des Nationalsozialismus sang sie vor dem Militär und sollte im kriegserschütterten Nazideutschland die Moral heben. Luzi Kryn und Lotti Huber wurden durch Praunheim berühmt, Künneke war bereits vor Praunheims Filmen eine Berühmtheit und trat auch in den Filmen von Praunheims Kontrahenten Fassbinder auf. Ähnlich wie Praunheim arbeitete Fassbinder häufig mit außergewöhnlichen Frauen zusammen, wohingegen diese sich Fassbinder in devoter Weise unterordneten. In FÜR MICH GAB'S NUR NOCH FASSBINDER (2000) untersucht Praunheim, wie der Regisseur die Frauen in seinen Bann zog. Diese beschreiben, wie Fassbinder sie für seine Filme zu formen versuchte und eine genaue Vorstellung davon hatte, wie sie spielen sollten. Praunheim wendet eine entgegengesetzte Strategie an und vermittelt dem Zuschauer seine persönliche Faszination an den Eigenarten der Schauspielerinnen.

Praunheim versucht zu erklären, was ihn an seinen Darstellerinnen begeistert. Er beschreibt, wie er Magdalena Montezuma (GROTESK – BURLESK – PITTORESK, MACBETH, TALLY BROWN (Erzählerin)) beim Schälen einer Orange beobachtet:

> Die Art, wie sie diese schälte, war einmalig und kann auf keiner Schauspielschule vermittelt werden. Sie war so anders und eigenartig, wie wir es noch nie bei einem lebenden Wesen beobachtet hatten. Ein Zauber, eine Magie ging von ihr aus, die uns berauschte [...].[161]

Zudem vergleicht Praunheim Montezumas individuellen Stil mit dem professioneller Darsteller: »[Viele Kritiker] verwechseln bis heute Technik mit Persönlichkeit.«[162] Praunheim sucht Originale, keine Marionetten. Der Charakter der Filmfrauen ist stets wesentlicher Bestandteil seiner Inszenierungen.

In Praunheims frühen Kurzfilmen VON ROSA VON PRAUNHEIM, ROSA ARBEITER AUF GOLDENER STRASSE - 1. TEIL und - 2. TEIL, SCHWESTERN DER REVOLUTION und WAS DIE RECHTE NICHT SIEHT spielt Carla Aulaulu – allerdings als Kunstfigur, nicht als Privatperson. Dennoch lässt Aulaulu ihr schrilles Wesen in die Filme einfließen und verkörpert mit Tänzen und Gesang ebenso außergewöhnliche Figuren am Rande der Gesellschaft. Praunheim nennt sie einmal »Dorf-Monroe«[163], wodurch er ihre provinzielle Art und Herkunft mit ihrem Bestreben, mehr zu sein und zum Star werden zu wollen, miteinander verknüpft.

In UNSERE LEICHEN LEBEN NOCH lässt Praunheim Frauentypen mit konträren Weltanschauungen einander begegnen. Fünf Tage innerhalb der Filmhandlung leben fünf Frauen in einer Wohnung zusammen. Madlen Lorei lebt offen lesbisch und hat als Kriminalreporterin und -autorin ge-

161 Praunheim 1981c, 20.
162 Praunheim 1981c, 20.
163 Praunheim 1981c, 20.

arbeitet. Maria Christiana Leven war Tänzerin und Künstlerin. Inka Köhler war mal mit einem Nazi, mal mit einem Antifaschisten verheiratet. Hinzu kommen Luzi Kryn und Lotti Huber. Konflikte unter den Frauen sind vorprogrammiert, zumal Praunheim durch Manipulationen Konfliktsituationen begünstigt. Die Filmhandlung ist fiktional, die Frauen spielen jedoch sich selbst. An einem Abend sprechen sie über Männer, Abhängigkeiten und Mordphantasien. Jede von ihnen wollte schon einmal einen Mord begehen, schreckte dann aber doch zurück. In der Szene tragen sie Masken. Inka ist als Kuh verkleidet, Maria als Alien, Luzi als Schwein und Madlen trägt eine Totenmaske. Beachtenswert ist, dass die Frauen sich diese Masken selbst auswählten.[164] Immer wieder kommt es zwischen den Frauen zu hitzigen Diskussionen, Maria und Madlen diskutieren den Kalten Krieg, Luzi und Inka verschwören sich gegen Madlen und Inka streitet mit Madlen und Maria über Homosexualität. »Wenn ihr zwei eine Beziehung miteinander hättet, hätte ich das Gefühl man nimmt zwei Topfdeckel und klappt sie zusammen«, wirft Inka ihnen vor. Am Ende des Films sind die Frauen jedoch vereint, als sie Praunheims Intrigen bemerken und fallen über den Regisseur her. »Unsere Leichen leben noch« singen sie, während Praunheim in rhythmischen Zuckungen vor ihnen liegt.

Gemeinsam verkörpern die Frauen in UNSERE LEICHEN LEBEN NOCH ein vitales und lebenswertes Bild vom Alter. Sie haben im Leben stets einen unbequemen und unangepassten Weg gewählt, der ihre Vitalität bewahrt hat. Helmut Schödel stellt fest:

164 Siehe Praunheim 1995, 275.

> Was diese Frauen so lebendig macht, ist ihre Exzentrizität. Sie haben sich in ihrem Leben auf weniger Kompromisse geeinigt als andere. Aber was ihnen anfangs das Leben schwer machte, hat es ihnen später erhalten. Das ist Praunheims fröhliche Botschaft: der Widerstand lohnt.[165]

Unkonventionalität und Eigenwilligkeit wird für die Frauen zum Jungbrunnen. Schödel folgert weiter, UNSERE LEICHEN LEBEN NOCH handle nicht von der Vitalität des Alters, sondern »[i]n Wahrheit handelt er von den Bedingungen dieses Vergnügens, von den Voraussetzungen dieser Vitalität.«[166] Mit ihren unkonventionellen Leben, von denen im Film berichtet wird, haben sich die Frauen einen Grundstein für das Älterwerden gelegt. Ähnlich wie die alten Damen wird sich auch Rosa von Praunheim selbst entwickeln. Als der Film 1981 in den Kinos läuft, ist er 39 Jahre alt. Mit 60 Jahren präsentiert er sich in PFUI ROSA! als vital und voller Tatendrang und macht auch heute noch Filme. Auf seiner Internetseite präsentiert er ein Tagebuch und berichtet freudig aus seinem Leben.[167]

Die Frauen in DOLLY, LOTTE UND MARIA (1987) sind einen schwierigen Lebensweg gegangen. Praunheim dokumentiert das Leben von drei Frauen, die während der Nazizeit aus Solidarität mit ihren jüdischen Kollegen das Land verlassen haben und sich in New York eine neue Existenz aufbauten. Sprachbarrieren waren für die darstellenden Künstlerinnen eine besondere Herausforderung. Lotte Goslar löste dieses Pro-

165 Schödel 1982.
166 Schödel 1982.
167 Siehe www.rosavonpraunheim.de.

blem durch Pantomime, Dolly Haas und Maria Ley Piscator gingen neue Lebenswege an der Seite ihrer Männer. In DOLLY, LOTTE UND MARIA fällt das Alter der Frauen auf. Lotte Goslar tanzt noch selbst und Praunheim zeigt, ähnlich wie bei Tally Brown, ihre Performances ungeschnitten. Dolly Haas sieht man hingegen zum Schluss ihrer Interviews auf einem Seniorenlift die Treppe ihres Hauses emporfahren, wodurch dem Zuschauer ihre Gebrechlichkeit schlagartig bewusst wird. Maria Ley Piscator blickt auf ihr Leben zurück: »Jeder glaubt, dass er nicht alles erreicht hat.« Es bleibt ihr die Erkenntnis, dass sie mit ihrem Leben nicht ganz zufrieden ist, sie es allerdings auch nie gewesen wäre. Ihre deutsche Identität ist für sie lange Vergangenheit, immer wieder driftet sie in den Interviews ins Englische ab.

In den USA porträtiert Praunheim auch junge Frauen. Die Porträts dreier deutscher Auswanderinnen finden sich in ÜBERLEBEN IN NEW YORK: Ulli, Anna und Claudia. Ulli sieht die Stadt New York mit naiven Augen und berichtet mit starkem schwäbischem Akzent von ihren Eindrücken. Ihre Liebschaften in der Stadt sind problematisch. Sie verliebt sich in einen Guardian Angel, den sie auf dessen Patrouille trifft: ein junger Jamaikaner, der sein Leben nicht sortiert bekommt, in Obdachlosigkeit endet und schließlich zurück zu seiner Familie fliegt. Ulli berichtet von seinen Problemen und davon, wie sie ihn im Park aufsucht und ihm Essen bringt. Ihr nächster Freund ist Ronnie, ein Vietnamkriegsveteran, der mit psychischen Problemen aus der Kriegszeit kämpft. Ullis Naivität ist überwältigend. »Ich wurde nur einmal kurz überfallen, [...] ging ganz schnell, war nicht schlimm«, erzählt sie über die Gefahren von New York. Anna beschreibt die neu gefundenen Möglichkeiten in der Stadt: »Es ging alles so schnell. Es schien einfach, alles ist möglich. Wen immer ich ansprechen will, wen immer ich kennen lernen will, ja ich brauch nur anzurufen, ich brauch nur vorbeizugehen, es war möglich.« Ähnlich beschreibt Praunheim seine ersten Eindrücke von Amerika: »Ich wurde sofort zu einem anderen Menschen, einem Superman, der die Welt aus den Angeln heben wollte. Ich wurde genauso naiv wie Millionen Amerikaner und hatte viel Spaß dabei.«[168] Die gleichen Erfahrungen sind für ihn eine Motivation, das Leben der Frauen zu dokumentieren: »Die Schicksale dreier deutscher junger Frauen, die seit 10 Jahren in Amerika leben, faszinierten mich, war ich doch von Amerika ähnlich begeistert, sah es zuweilen genauso kritisch.«[169]

Anna arbeitet zunächst als Striptänzerin, dann als Therapeutin in einer katholischen Schule und studiert Psychologie. Claudia kommt mit ihrem Freund nach New York, entdeckt dort allerdings ihre Liebe zu Frauen und zieht mit einer Freundin zusammen. Sie macht die härtesten Erfahrungen mit der Stadt. In ihrer eigenen Wohnung wird sie vergewaltigt und kann mit letzter Kraft ihr Leben retten. Die Frauen in ÜBERLEBEN IN NEW YORK zeichnen sich durch ihren Sinn für Abenteuer aus, auch durch Schicksalsschläge lassen sie sich nicht von ihren Plänen abbringen. Besonders Anna plagen Selbstzweifel, ob sie ihr Leben verpfuscht hätte: Ihre Freunde in Deutschland hätten inzwischen Doktorti-

168 Praunheim 1995, 135.
169 Praunheim 1991, 333.

tel. Ulli weiß am Ende des Films nicht, wie es mit ihr weiter geht, vielleicht zieht sie in eine andere Stadt, um etwas Neues zu erleben.

In den Spielfilmrollen zeigt Praunheim Frauen mit einer ähnlichen Lebenseinstellung. Anita Berber hat in ANITA das gleiche Verlangen, sich selbst zu verwirklichen, wie alle anderen Frauen in Praunheims Filmen. Die Nackttänzerin der 20er Jahre ringt um Anerkennung als Künstlerin. Bis zu ihrem Tod bleibt sie ihrem Lebensmotto treu. »Wer ›A‹ sagt, muss auch ›rsch‹ sagen«, hält sie auch einem Priester (gespielt von Rosa von Praunheim) an ihrem Sterbebett vor. Sie lässt sich nicht scheinheilig bekehren. Lothar Fischer hat Berbers Leben ausführlich erforscht und zitiert einen Nachruf auf die historische Person Anita Berber:

> [D]ie Generation der Anita Berber war die Avantgarde. Sie waren die ersten, die in das bürgerliche Heim einen frischen Luftzug brachten. In sich noch nicht gefestigt, waren sie doch die ersten, die das Recht aufs eigene Leben verfochten, für uns nachfolgende durchfochten. Daß sie dieses Leben sich später verpfuscht haben, dürfen gerade wir ihnen nicht zum Vorwurf machen, die wir, auf deren Schultern, den Kampf aufgenommen und – unter ungleich günstigeren Bedingungen – fortgeführt haben.[170]

In das »bürgerliche Heim einen Luftzug zu bringen« und besonders »das Recht aufs eigene Leben zu verfechten« versucht auch Rosa von Praunheim. Von dem Buch Fischers über Anita Berber inspiriert[171], sieht er in Berber eine frühe Verwandte. Ähnlich wie der ebenfalls von

170 Zitiert wird Hans Feld in *Film-Kurier* vom 23.11.1928 in Fischer 1988, 91.
171 Siehe Weinberger 1994, 282.

Praunheim porträtierte Magnus Hirschfeld, wendet sich Anita Berber gegen die erstarrten Sitten der Gesellschaft. Gleichermaßen wie die von Praunheim dokumentierten Frauentypen und auch wie Praunheim selbst kämpft sie für das Recht auf ihre eigene Lebensweise. Anita Berbers Biografie muss aus diesem Grund Praunheim nahe gehen und bietet ihm interessanten und wichtigen Filmstoff. Die Besetzung Berbers mit Ina Blum und Lotti Huber passt dahingehend, dass auch Lotti Huber ihre Karriere als Tänzerin begann und in ähnlicher Weise für das Recht auf ihr Leben kämpfen musste. Das Zitat zeigt ebenso, dass sich Praunheim als in der Schuld von Anita Berbers Generation stehend betrachtet. Auf ihren Schultern den Kampf aufnehmend führt er – sinngemäß – ihren Kampf weiter. Ohne die Errungenschaften der liberalen 20er und 30er Jahre hätten in den 50er und 60er Jahren in Deutschland noch größere Ressentiments gegen Homosexualität geherrscht, die Praunheims Leben selbst noch weiter erschwert hätten. Abgesehen davon, bildete Berbers Generation eine Basis für die Besserstellung von vielen gesellschaftlichen Gruppen, neben homosexuellen Frauen und Männern auch von Künstlern oder heterosexuellen Frauen. In seinen Filmen knüpft Praunheim deshalb teils auch ästhetisch an die 20er Jahre an. Am stärksten sichtbar ist dies im expressionistischen Horror Vacui, der sich visuell an Das Cabinet des Dr. Caligari (1920) orientiert.[172] Doch auch in Anita erinnern viele Kulissen und Ausstattungsmerkmale an diese Ära, besonders in den farbigen, historischen Episoden.

172 Siehe Kuhlbrodt 1984, 242.

Im Krankenhaus der Gegenwart erzählt die von Huber gespielte Frau Kutowski in ihrer Rolle als Berber über ihren Tanzpartner Droste: »Ich genoss es, wie er mich prostituierte.« So wie Anita ihre Ausnutzung genoss, so scheinen Praunheims Protagonistinnen ihre Ausnutzung durch den Regisseur zu genießen, indem sie sich selbst darstellen können. Ob hier wirklich von Ausnutzung gesprochen werden kann, liegt dabei stets im Auge des Betrachters. Das Verhältnis zwischen Schauspielern und Regisseur ist bekanntermaßen immer eine Kooperation und gleichermaßen eine Ausnutzung, wie das Tanzpaar Droste und Anita, die allein nicht erfolgreich sein können und sich gegenseitig brauchen. Genauso ist der Regisseur nichts ohne seine Darsteller und die Darsteller sind nichts ohne ihren Regisseur.

4.1.2 Schwule

Sich mit der eigenen Sexualität beschäftigend, hat Praunheim seine Einstellung zu Schwulen über die Jahre geändert. NICHT DER HOMOSEXUELLE IST PERVERS, SONDERN DIE SITUATION, IN DER ER LEBT ist vordergründig eine Kritik an den gesellschaftlichen Umständen, unter denen Schwule leben. Im Film selbst scheint dennoch die Unselbständigkeit der Homosexuellen pervers. Praunheim beklagt im Film von 1971 ihre Anpassung, dass es ihnen nicht gelinge, sich im Leben selbst zu verwirklichen. In ARMEE DER LIEBENDEN ODER REVOLTE DER PERVERSEN dokumentiert Praunheim in den Jahren 1972 – 1979 begeistert die Schwulenbewegung in Amerika. Im Gegensatz zu ersterem Film werden die Schwulen hier als politisch aktiv dargestellt. Eine klare Bewunderung und Bejahung der Schwulenbewegung ist SCHWULER MUT – 100 JAHRE SCHWULENBEWEGUNG von 1998. Hier stellt Praunheim dar, was Schwule für ihre Befreiung erreicht haben.

Für NICHT DER HOMOSEXUELLE IST PERVERS wählte er mit Bernd Feuerhelm einen heterosexuellen Hauptdarsteller; weder besonders attraktiv noch unattraktiv, versucht er dem Zuschauer eine neutrale Figur zu präsentieren, die keinen Klischees entspricht. Der erste offenkundig schwule Darsteller in Praunheims Filmen ist Dietmar Kracht. Er ist in sieben Filmen zu sehen: SCHWESTERN DER REVOLUTION, DIE BETTWURST, WAS DIE RECHTE NICHT SIEHT, BERLINER BETTWURST, ROSA VON PRAUNHEIM ZEIGT, ICH BIN EIN ANTISTAR und in Statistenrollen auch in NICHT DER HOMOSEXUELLE IST PERVERS. Praunheim bewundert Kracht für seine Offenheit: »Dietmar war immer ein selbstbewusster Schwuler. Er hat oft eins aufs Maul gekriegt, ist zusammengeschlagen worden, weil er schwul war, weil er frech war. Und ich hab ihn deshalb geliebt.«[173] Freilich erfüllt Kracht mit seinem oft weiblichen Verhalten Klischeevorstellungen. Praunheim stellt ihn nicht als Ideal vor, sondern so wie er ist. In DIE BETTWURST sehen wir viele seiner Schwächen, in einer Duschszene zeigt Praunheim auch die Unvollkommenheit seines Körpers – ganz im Gegenteil zu den in NICHT DER HOMOSEXUELLE IST PERVERS präsentierten männlichen Körperlichkeitsidealen. Ebenso ist Dietmar Kracht eine tragische Figur: Als Stricher hatte er im Leben mit Drogen, Gewalt und Missbrauch zu kämpfen. Besonders an Kracht verdeutlicht Praunheim, dass er seine

173 Praunheim in PFUI ROSA!.

Filme auch als Lebenshilfe für seine Protagonisten sieht; doch trotz seiner Berühmtheit durch DIE BETTWURST und trotz seines Zusammenlebens mit Rosa von Praunheim und auch mit Evelyn Künnecke nimmt er im realen Leben ein tragisches Ende und ertrinkt während eines Alkoholrausches.

In ARMEE DER LIEBENDEN wirkt Praunheim erstmals als Chronist der Schwulenbewegung. Zudem interviewt er viele Protagonisten der amerikanischen Schwulenszene sowie auch deren Angehörige und Mitstreiter. Die verschiedenartigsten Menschen werden vorgestellt: Eltern von Schwulen, ein Pornodarsteller, eine Feministin, Schwule verschiedener ethnischer Gruppen sowie aus der Dritten Welt, Schwule mit Behinderungen, Männer jeglicher Altersgruppen, politisch aktive und passive und auch ein schwuler Nazi. Dieser erklärt, seine Ideologie und seine Sexualität seien kein Widerspruch, zumindest genauso wenig wie schwul und Christ zu sein. Daraufhin schneidet Praunheim zu Bildern einer schwulen Kirche und interviewt Mitglieder der schwulen Kirchenbewegung. Praunheim sieht mit Humor aber auch als Selbstbestätigung, dass Schwule in Amerika in allen Bereichen zu finden sind. Die einzige Gemeinsamkeit der meisten Protagonisten in ARMEE DER LIEBENDEN ist ihre Homosexualität. Besonders deshalb scheint eine einheitliche Bewegung auch so schwer.

Mit großem Stolz präsentiert Praunheim SCHWULER MUT und blickt auf eine Bewegung zurück, die viel erreicht hat. Vom warnenden und beklagenden NICHT DER HOMOSEXUELLE IST PERVERS über den ermutigenden

Armee der Liebenden hin zum sich feiernden Schwuler Mut zeigen Praunheims Schwulenfilme eine Entwicklung auf: von der Handlungsaufforderung hin zum eigenen Stolz auf das Erreichte. In Schwuler Mut fragt er Teilnehmer einer Parade nach der Schwulenbewegung. Allesamt sind sie mit ihrer Situation zufrieden. Gleichermaßen bemängelt der Film die Bequemlichkeit der Menschen, sich mit erreichten Freiheiten zufrieden zu geben. Ein Überlebender des Holocaust warnt vor zu großer Leichtsinnigkeit und einer der Befragten muss auf genauere Nachfrage zu seinen Freiheiten eingestehen, dass er seine Sexualität auf der Arbeit geheim hält. Für ein differenziertes Meinungsbild scheint sich das Sammeln von Vox Pops auf der Straße allerdings nicht zu eignen. Praunheim gelingt es nur, kurze Statements einzufangen, die Passanten beschäftigen sich lieber mit dem Feiern.

Praunheim ändert über die Jahre auch seine persönliche Einstellung. Lehnt er anfangs noch die sogenannte Homo-Ehe als spießig und verlogen ab, so akzeptiert er diese später, ebenso wie auch bürgerliche Homosexuelle. Revolution als schwuler Lebensinhalt wird abgeschafft. Er porträtiert sogar glückliche schwule und lesbische Lebensgemeinschaften, auch mit Kinderadoptionen in Schwuler Mut und Tote Schwule, Lebende Lesben (2008).

Randall Halle sieht einen starken Kontrast zwischen Praunheims frühen und seinem späten Schwulenbild und vergleicht Nicht der Homosexuelle ist pervers mit Neurosia - 50 Jahre pervers:

> The title's positive evaluation of a lifetime of perversion stands in direct contrast to Not the Homosexual is Perverse [Nicht der

> HOMOSEXUELLE IST PERVERS]. Both films rely on satire and pseudo-documentary style, yet if we conduct a closer examination we will recognize that the earlier film presents a negative filmic portrayal of the gay male's self-incurred immaturity and tutelage to perversion, whereas the later film celebrates the perverse ›nature‹ of the gay man as precisely the site of his revolutionary potential.[174]

Dennoch sieht Praunheim auch in NICHT DER HOMOSEXUELLE IST PERVERS gerade in der Homosexualität revolutionäres Potential. Bestes Beispiel dafür ist die Männerkommune am Ende des Films, die Pläne über die Verbesserung ihrer Situation schmiedet. Praunheim verdammt in dem Film lediglich die Heimlichkeit, mit der sich die schwule Subkultur bedeckt hält. Nicht umsonst werden allein Tunten in dem Film für ihre Offenheit gelobt. Bereits im Titel sagt Praunheim aus, dass Homosexuelle nicht als pervers zu betrachten sind; gemeint ist damit, dass das als pervers Angesehene eigentlich normal sei und die Negierung dieser Umstände pervers. Es wäre sicherlich unmissverständlicher, »pervers« bei Praunheim in Anführungszeichen zu setzen, würde dem Begriff aber seine Schlagkraft nehmen. Perversion dient Praunheim als Provokation. In Filmtiteln gelingt es ihm bereits allein mit dem Wort zu provozieren. Genauso fordert er den zeitgenössischen Zuschauer in NICHT DER HOMOSEXUELLE IST PERVERS durch die häufige Verwendung des Wortes »schwul«[175] heraus, das in den 70er Jahren noch primär als Schimpfwort gebraucht wird. Bereits mit seiner Wortwahl versucht Praunheim bürgerliche Empörung, auch unter Schwulen, hervorzurufen.

---

174 Halle 2006, 210.

175 Das Wort »schwul« wird im Film 90 mal gesagt. Siehe Kuhlbrodt 1984.

In ICH BIN MEINE EIGENE FRAU wird Charlotte von Mahlsdorfs Bestreben zur Bürgerlichkeit nicht kritisiert, im Gegensatz zu NICHT DER HOMOSEXUELLE IST PERVERS, in dem bürgerliches Leben von Schwulen als verlogen gewertet wird. Randall Halle stellt fest: »What von Praunheim earlier denounced as a perversion of the social and political potential of the homosexual appears here as the individual's potential for social and political liberation.«[176] Tatsächlich scheint Praunheim ihr Leben nicht zu hinterfragen, auch als sie vom Cruising in Parks und Toiletten berichtet. Allerdings handelt es sich bei Charlotte von Mahlsdorf um eine Person, die keineswegs als verlogen, sondern als besonders mutig und ehrlich bezeichnet werden kann. Sowohl im Nazi-Regime als auch in der DDR trat der Transvestit in Frauenkleidern auf. Die Wahl eines Lebens als bürgerliche Frau im Stile der Gründerzeit war für Mahlsdorf kein bequemer Weg, sondern ein besonders anstrengender Prozess der Selbstverwirklichung. Kein Versteckspiel – wie in NICHT DER HOMOSEXUELLE IST PERVERS – sondern ein öffentliches Bekenntnis. Charlotte von Mahlsdorf ist eine facettenreiche Person, Daniel im Schwulenfilm ist hingegen flach, seine Biografie ist austauschbar.

Den in NICHT DER HOMOSEXUELLE IST PERVERS gelobten Tunten widmet sich Praunheim in TUNTEN LÜGEN NICHT, in dem er das Quartett der vier Darsteller Bev Stroganov, Ichgola Androgyn, Ovo Maltine und Tima die Göttliche porträtiert. Der Film beginnt mit einer bunten Tuntenshow, in der die Protagonisten auf der Bühne eine fröhliche und humorvolle Darbietung präsentieren. In TUNTEN LÜGEN NICHT wendet Praunheim be-

176 Halle 2006, 222.

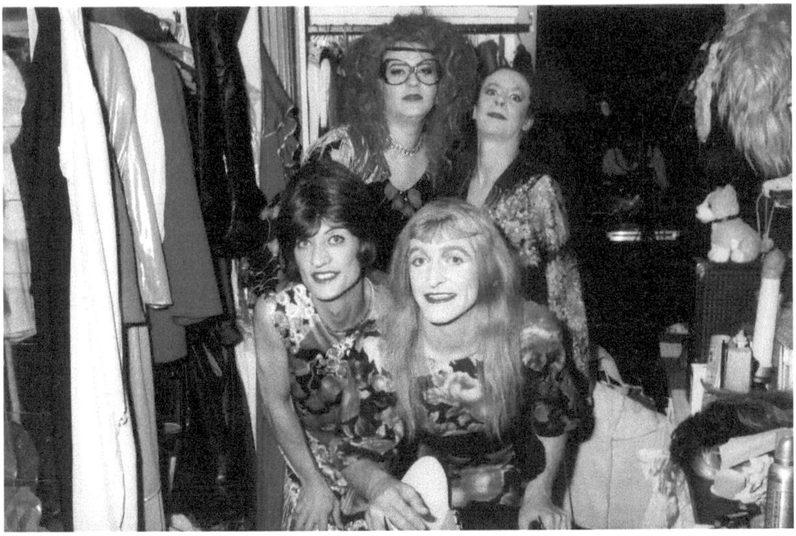

Abbildung 18: Tunten lügen nicht

reits den in seinen späteren Dokumentationen häufigeren, klassischen Dokumentarstil an. Die Protagonisten werden nacheinander in Interviews vorgestellt. Sie erzählen aus ihrer Biografie und über ihre Rollen und erklären, was Tunten sind und als was sie sich selbst begreifen. Das Wort »Tunte« wird von ihnen bewusst positiv genutzt. Ähnlich wie bei »schwul« wird aus einem Schimpfwort ein Zeichen von Selbstbewusstsein.[177] Hinter der fröhlichen Fassade entdeckt Praunheim ebenfalls tragische Schicksale. Bev, Ovo und Ichgola sind HIV-positiv und Tima berichtet, wie sie dreimal vergewaltigt wurde. Im Kontrast dazu wird die Gruppe bei komischen und politischen Aktionen gezeigt, wie einer Modenschau für HIV-Positive oder dem Versuch Ovo Maltines, für den

177 Eine ähnliche Entwicklung lässt sich auch beim Begriff »queer« beobachten, siehe Pausch 1998, 1f.

Deutschen Bundestag zu kandidieren. Trotz Widrigkeiten, auch in eigenen Reihen, kämpfen die vier unbeirrt mit provokanten Aktionen für ihre Anerkennung.

Immer wieder ergründet Praunheim die Bedeutung des Nationalsozialismus für heutiges schwules Leben. Besonders in STOLZ UND SCHWUL (1991) und TOTE SCHWULE, LEBENDE LESBEN porträtiert er Zeitzeugen mit unterschiedlichen Schicksalen. In STOLZ UND SCHWUL kommen drei Männer zu Wort: Kabarettist Straps-Harry, Sänger Kurt von Ruffin und Regisseur Andreas Meyer-Hanno. »Freier geht es eigentlich gar nicht«, schwärmt Harry über die 20er und 30er Jahre in Berlin. Während des Nationalsozialismus heiratete er, um dem Konzentrationslager zu entgehen. »Die ganzen 1000 Jahre haben wir Angst gehabt«, meint er augenzwinkernd. Kurt von Ruffin spricht von der eigenen Verleugnung seiner Homosexualität in Verhören und berichtet gleichermaßen von Repressionen in der Bundesrepublik der 50er Jahre. Andreas Meyer-Hannos Mutter war Jüdin, er hatte demzufolge Probleme mit seiner Abstammung sowie mit seiner Sexualität zu bewältigen. Praunheim versucht die Kraft und den Überlebenswillen der Männer zu ergründen.

TOTE SCHWULE, LEBENDE LESBEN besteht aus voneinander unabhängigen Episoden, in denen junge Lesben und alte Schwule vorgestellt werden. Walter Schwarze, dessen Episode sinnstiftend mit »Umsonst gelebt« betitelt ist, beschreibt seine Erfahrungen im Konzentrationslager: »Ich habe nichts mehr empfunden. Ich war eine tote Seele, ein Mensch ohne jegliches Gefühl.« Nach dem Konzentrationslager geriet er für vier Jahre in russische Kriegsgefangenschaft. Er würde sich sein Leben keinesfalls wieder so wünschen, sagt er. Mit Schwarze porträtiert Praunheim eine Person, die im Gegensatz zu den meisten anderen nichts positives berichten kann und an allen Repressionen zerbrochen ist. Auch Albrecht Becker ist von der Nazizeit gezeichnet, er diente in der Wehrmacht. Sein Leben sieht er dennoch als erfüllt. Praunheim fragt ihn nach dem Geheimnis seiner Jugend. »Dass ich neugierig bin und mit allem fertig werde [...] und dass ich alle Leute wunderschön finde«, antwortet er. Während des Krieges begonnen, hat er seinen ganzen Körper tätowiert und spricht über die sadomasochistische Leidenschaft der Selbsttätowierung. Seine übertätowierte Haut ist inzwischen größtenteils bläulich. STOLZ UND SCHWUL und TOTE SCHWULE, LEBENDE LESBEN zeigen Schwule in Opferrollen. Praunheim ergründet durch diese Filme im Nachhinein historische Situationen, die zu der in NICHT DER HOMOSEXUELLE IST PERVERS angeklagten Selbstverleugnung führten.

4.1.3 Nazis und Spießer

In seinen Filmen und Aktionen prangert Praunheim schon in den 60er Jahren die »spießige« Gesellschaft an. Es stellt sich die Frage, wen genau Praunheim mit »Spießern« meint. Oft kritisiert er in Interviews und Filmen die bürgerliche Gesellschaft sowie auch die Institution Ehe. Dennoch ist es kaum möglich, Spießigkeit mit Bürgerlichkeit gleichzusetzen. Durch das Feindbild »Spießer« wird nicht verbindlich, wofür oder wogegen Praunheim agitiert, in seinem späteren Wortschatz wird es seltener. Ablehnung von Spießern kann im Allgemeinen als Ablehnung von als überkommen betrachteten, konservativen gesellschaftlichen Normen gesehen werden – doch wo beginnen diese und wo hören sie auf? So wie Praunheims Filme in den 60er und 70er Jahren von den Utopien der 68er-Bewegung maßgeblich geprägt sind, so werden sie in den 80ern und 90ern rationaler. Es ist schwer, gezielt zu agitieren, wenn jeder ein Feind sein könnte. Im heutigen Sprachgebrauch ist das Wort »Spießer« schließlich fast schon wieder spießig, also von eindimensionaler Weltsicht geprägt. Und ist, wer andere als spießig sieht, nicht selbst spießig, eben weil er Spießer nicht toleriert und die selbst geforderte Toleranz nicht praktiziert? Ist Luzi Kryn spießig, sind es die Pauschaltouristen in MIT OLGA AUF DER WOLGA (2007) oder ist es gar Rosa von Praunheim selbst? Indem Praunheim hauptsächlich spießige Schwule oder auch spießige Filmemacher kritisiert, lässt sich eine deutungsweise Antwort auf diese Frage herauskristallisieren. Spießig ist bei Praunheim alles Konservative in eigenen Reihen, während er auf alltägliche Kleinbürgerlichkeit mit lächelnder Distanz blicken kann – diese Spießer greifen ihn nicht an und er kann deren gänzlich andere Lebensrealitäten entlarven. Nur was das eigene Lebensumfeld betrifft, kann auch zur persönlichen Gefahr werden.

So wie Rosa von Praunheim seine Protagonisten liebt, so stellt er Gegner und fragwürdige politische Ideologien bloß. In seinen früheren Filmen, besonders ROSA ARBEITER AUF GOLDENER STRASSE - 2. TEIL und WAS DIE RECHTE NICHT SIEHT, karikiert er linksradikale Bewegungen, indem er deren Ideologien ad absurdum führt. In Interviews und Artikeln äußert sich Praunheim häufig gegen linke, aber auch liberale Bewegungen, deren Toleranz er testet. An diesen kritisiert er die von ihm empfundene Verlogenheit sowie ihre Widersprüchlichkeit. Praunheim entlarvt Ideologien. Er schränkt seine Sicht nicht ideologisch ein, sondern erweitert diese mit seinen Filmen.

Ein in den Filmen immer wieder angesprochenes Thema ist der Nationalsozialismus, meist durch Zeitzeugen, die quasi nebenbei – in Filmen zu anderen Themen – über ihre Erfahrungen im Dritten Reich berichten. Zu Nazi-Ideologien steht der Menschen liebende Regisseur äußerst konträr. Praunheim ist jedoch vom inneren Widerspruch homosexueller Neonazis fasziniert. In ARMEE DER LIEBENDEN interviewt er Russel Veh, der in Amerika eine Bewegung schwuler Nazis gegründet hat. Dietrich Kuhlbrodt bemerkt, dass Praunheim drohe, der Anziehungskraft des Protagonisten zu unterliegen: »Innerhalb des Films erliegt Praunheim eingestandenermaßen der Faszination dessen, was er gleichzeitig auf höherer Bewußtseinsebene angreift. Der schwule Nazi wird liebevoll als junger schöner Held fotografiert.«[178] Tatsächlich ist Veh teils aus Untersicht und vor einer Hakenkreuzflagge inszeniert. Praunheim interessiert sich für die Bedeutungskraft nationalsozialistischer Symbole, die besonders im Hakenkreuz eine geradezu fetischistische Verehrung finden. Genauso könnten sich auch in Nazi-Wohnungen kitschige Führerbilder und nippeshafte NS-Devotionalien finden, so weit geht Praunheim jedoch nicht.

178 Kuhlbrodt 1984, 188.

In der Dokumentation MÄNNER, HELDEN, SCHWULE NAZIS widmet sich Praunheim gänzlich dem Thema Homosexualität in Verbindung mit Nationalsozialismus und versucht, die Beweggründe schwuler Männer zu finden, sich in der rechten Szene zu engagieren. Er beweist dabei Geschick in der Auswahl seiner Protagonisten und interviewt sowohl ehemalige Nazis als auch in rechten Organisationen Aktive und gibt einen historischen Rückblick bis hin zu Ernst Röhm. Zahlreiche Interviews auch mit Journalisten und Wissenschaftlern kennzeichnen den Film als Spätwerk Rosa von Praunheims; beinahe analytisch versucht er einen Widerspruch zu ergründen, der rational nicht zu erklären ist. »Der Schwule an sich ist per se natürlich kein besserer Mensch. Und man kann auch als Schwuler Rassist sein und man kann als Schwuler auch Antisemit sein«[179], stellt einer der Protagonisten im Film fest. »Ich glaube manchmal, die Schwulen sind bloß deswegen so ausländerfreundlich eingestellt, weil sie dann nicht hinfahren müssen, um die Kerle zu ficken«[180], meint ein schwuler Nationalsozialist. Nationalsozialistische Ideologie wird zur Definitionsfrage. »Das ist nun wirklich total pervers« fängt Praunheim als Vox Pop zur Einleitung des Films ein. Schwule Nazis sind für ihn eine neue Perversion. Praunheims Protagonisten unterscheiden zwischen reinem Fetisch und realer Gesinnung. Für Außenstehende ist diese Grenze jedoch schwer sichtbar.

Besonders die Nähe zwischen linker und rechter Szene fällt im Film auf. Ein ehemaliger NPD- und DVU-Funktionär setzt sich inzwischen für Verfolgte des Nazi-Regimes ein, ein NPD-Mitglied war früher Mitglied

179 Filmzitat, Jörg Fischer in MÄNNER, HELDEN, SCHWULE NAZIS.
180 Filmzitat, Alexander Schlesinger in MÄNNER, HELDEN, SCHWULE NAZIS.

der PDS. Rechte und linke Ideologie werden so zwar nicht gleichgesetzt, aber in ihrer einfachen Radikalität und ihrem Extremismus miteinander vergleichbar. Die Absurdität der Ideologien wird um eine Ebene erweitert. Praunheim interviewt die frühere Nazi-Ikone Bernd Ewald Althans, der sich nach einer Haftstrafe und einem schwulen Coming Out von der rechten Szene abgewandt hat. Althans bereut seine Taten nicht, ist sich jedoch im Rückblick der Absurdität und Widersprüchlichkeit der Bewegung bewusst. Ein anderer Protagonist betont den Männlichkeitskult in der rechten Szene, der viele Schwule anziehe; mit dem Uniformverein »Green Berets International« zeigt Praunheim eine andere Art des Uniform- und Männlichkeitsfetisches ohne rechte Ideologien. Gleichfalls scheint die sich im Weitpinkeln übende und auf Rutschmatten trainierende Uniformtruppe keine Alternative zu den ebenfalls gezeigten, brutal-männlichen Schlägereien auf Skinhead-Konzerten zu sein. Dass Homosexualität in rechten Organisationen zum Alltag gehöre, zeigt Praunheim an verschiedenen historischen Personen wie dem an AIDS gestorbenen schwulen Anführer Michael Kühnen oder an Ernst Röhm im Dritten Reich.

Praunheim unterstreicht seine Aussagen mit Bildmaterial aus Nazi-Propagandafilmen und Bildern eines schwulen Pornofilms mit Nazi-Fetisch. Mit MÄNNER, HELDEN, SCHWULE NAZIS spricht er eine Thematik an, die aufgrund ihrer Widersprüchlichkeit im Kino nur selten diskutiert wird[181] und kommt selbst zu keinem abschließenden Urteil. Offenbar

181 Eine Ausnahme ist der Spielfilm OI! WARNING (1999), der einen gewissen Bekanntheitsgrad erlangt hat und ebenfalls linke und rechte Szene miteinander konfrontiert.

gibt es Schwule, die tatsächlich pervers sind; zumindest findet die von Praunheim angeklagte Selbstverleugnung hier einen Höhepunkt. Wie in NICHT DER HOMOSEXUELLE IST PERVERS macht Praunheim in MÄNNER, HELDEN, SCHWULE NAZIS abermals deutlich, dass Schwule unter dem Druck der Gesellschaft eigenwillige Kulturen entwickeln und präsentiert einen Film, der Diskussionen provoziert. In diesen wird Praunheim vorgeworfen, er »zeige zu wenig Haltung und behandele die Nazis zu nett«[182], doch gerade hierdurch wird der Zuschauer gezwungen, über die Dokumentation nachzudenken und selbständig eine Ablehnung gegen Nazis zu entwickeln. Im Gespräch mit Dietrich Kuhlbrodt erläutert Praunheim, wie es ihm gelang, tiefgehende Interviews von komplizierten Protagonisten zu bekommen. »Es liegt sicher daran, dass ich sie ernst genommen habe und nicht von vorneherein gesagt habe: Ihr seid Abschaum oder eine Diskussion angezettelt habe.«[183] Praunheims Unvoreingenommenheit ist eine offene Taktik. Kuhlbrodt beschreibt die Herangehensweise von MÄNNER, HELDEN, SCHWULE NAZIS: »Der Film illustriert ja keine These. Beim Dokumentarfilm gehört es zur Normalität, etwas beweisen zu wollen, und der Filmemacher ordnet sein Material dieser These unter.«[184] Durch den Verzicht auf diese journalistische Methode erzielt Praunheim eine außergewöhnliche Dokumentationsform, in der er gefundenes Material nicht einordnet und die Wertung dem Zuschauer überlässt.

182 Kuhlbrodt 2005.
183 Rosa von Praunheim in Kuhlbrodt 2005.
184 Kuhlbrodt 2005.

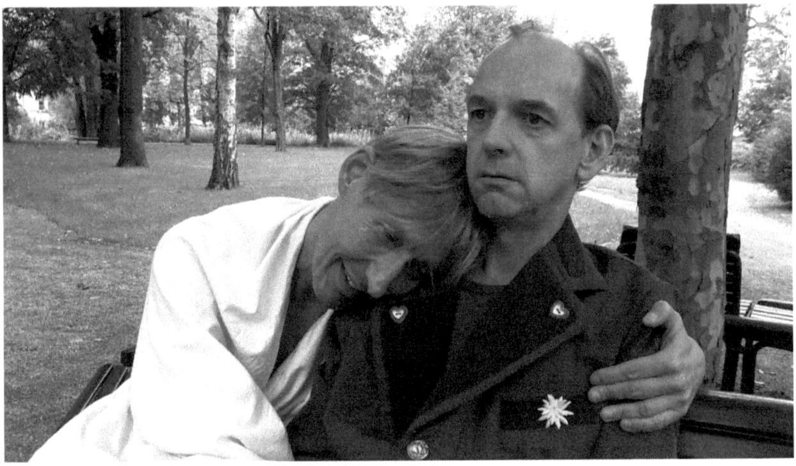

Abbildung 19: Marcus Lachmann als Jesus, Martin Ontrop als Hitler in HITLER UND JESUS - EINE LIEBESGESCHICHTE *(2014)*

Eine weitere, von Praunheim nicht verstandene, hingegen aber offen kritisierte Ideologie ist religiöser Fundamentalismus – besonders, wenn er sich gegen Schwule wendet. Hiermit beschäftigt sich Praunheim nicht gezielt. In ARMEE DER LIEBENDEN wird die christliche Fundamentalistin Anita Bryant jedoch als geradezu dämonische Verkörperung des Bösen dargestellt – was sie für die Schwulen ihrer Zeit auch war. Es scheint nur verständlich, dass Praunheim Bryant lächerlich macht – sie wollte den Schwulen in den USA ihre Menschenrechte verweigern und stand in den 70er Jahren kurz vor einem politischen Erfolg. Wie persönlich Praunheim Bryants Angriffe aufgefasst hat zeigt auch, dass sie sowohl in NEUROSIA als auch in PFUI ROSA! gezeigt und diskutiert wird. In beiden Filmen betrachtet Praunheim Bryant jedoch nur noch als historische Person. Bryants radikale Einstellung zwang die Schwulen dazu, sich gegen sie zu organisieren.

4.2 Gegensätze

Rosa von Praunheims Filme sind von Gegensätzen geprägt. »Rosa von Praunheim encourages the viewer to assess the dichotomy between naturalness and artifice, credibility and unbelievability, authenticity and theatricality«[185] stellt Alice Kuzniar am Beispiel von ICH BIN MEINE EIGENE FRAU fest. Ein zeitgenössischer Kritiker bemerkt zu DIE BETTWURST »Solch eine Balance von Sachlichkeit und Nonchalance, von Engagement und Heiterkeit habe ich noch kaum gesehen.«[186] Es ist denkbar, Praunheims Filme nach dialektischen Grundsätzen zu untersuchen. Man bedenke zudem, dass der Arbeitstitel von DIE BETTWURST einmal »Humoristische Dialektik« war. Aufgrund des vielseitigen Dialektikbegriffes wäre hierzu eine umfangreiche, eigenständige Analyse möglich. Für die folgenden Untersuchungen ist es jedoch von Bedeutung davon auszugehen, dass Praunheim in sich widersprüchliche Figuren präsentiert, die philosophische Diskurse auf einfache Lebensphilosophien herunterbrechen. So wie sich Praunheim mit den Problemen von Menschen beschäftigt, so macht er gesellschaftliche Probleme deutlich. »[Praunheims Filme] beschäftigen sich mit Mythen des Alltags, die sie in grotesker Umstülpung vorführen.«[187] Besonders auffällig sind die Lebenslügen, denen die Figuren seiner Filme aufsitzen und auch der Selbstbetrug, auf den diese hereinfallen. Von weiterer Bedeutung ist die Diskus-

185 Kuzniar 2000, 104.
186 E. N. 1971, 32.
187 Gregor 1978, 182.

sion der Themen Normalität und Perversion, sowie ein stets betonter Kontrast zwischen Natürlichkeit und Künstlichkeit.

4.2.1 Leere und Fülle – Lebenslügen und Lebensziele

Mit HORROR VACUI betitelt Praunheim einen Film, in dem die junge Hauptfigur den Versprechungen der charismatischen Sektenführerin Madame C. erliegt. Der Begriff »Horror Vacui« beschreibt in der Psychologie die Angst vor Leere und kann sich sowohl auf räumliche als auch geistig-inhaltliche Leere beziehen. Zahlreiche Filme Praunheims zeigen verschiedene Spielarten des »Horror Vacui«. In ROSA ARBEITER AUF GOLDENER STRASSE - 2. TEIL beklagt Carla Aulaulus Figur die Entfremdung von ihrer Lebensaufgabe als Frau. In NICHT DER HOMOSEXUELLE IST PERVERS durchläuft Daniel verschiedene Etappen der schwulen Subkultur, wird aber – obwohl er alles ausprobiert – von keiner der Stationen gänzlich befriedigt. In DIE BETTWURST und UNSERE LEICHEN LEBEN NOCH zeigt sich in der Ausstattung eine räumliche Form des »Horror Vacui«. Luzi Kryns Wohnung und Lotti Hubers Frauen-WG sind mit Nippes vollgestellt.

Daniel Dohter wagt in *Film-Korrespondenz* eine Deutung von Carla Aulaulus Schlusssatz in ROSA ARBEITER AUF GOLDENER STRASSE - 2. TEIL:

> Praunheims Filme haben eine Palimpsest-Struktur: hinter dem Film läuft noch ein Film, der sich erst in unseren Köpfen zusammensetzt. Carlas Sätze bedeuten: natürlich muß der Mensch glücklich sein, auch das kleinbürgerliche Glück darf nicht verächtlich

> gemacht werden, wenn es auch mit Kitsch daher kommt – es ist kleines Glück, Glück in nuce, Vorbote des großen Glücks.[188]

Dieses »große Glück« scheinen Praunheims Figuren nur nie zu finden. Auffällig ist, dass die Figuren und Protagonisten in Praunheims Filmen stets das Gefühl haben, etwas zu verpassen. Luzi Kryn kostet nach ihrer entbehrungsreichen Zeit in Polen alle Möglichkeiten des Kitsches aus. Helga Goetze möchte nach Jahren eintöniger Ehe ihre Sexualität frei entfalten. Die Hauptfigur Fritz in LEIDENSCHAFTEN durchläuft sogar ganz unmögliche Lebensetappen in allen Teilen der Welt, um so ein möglichst erfülltes Leben zu haben. Praunheim zeigt seine Figuren zwar stets mit Respekt, entlarvt jedoch auch deren innerste Wünsche und Verhaltensweisen. »Praunheim zeigt den verlogenen Glanz und das wirkliche Elend der Welt«[189], schreibt ein Kritiker über NICHT DER HOMOSEXUELLE IST PERVERS im *Spiegel*. »Pseudo-Existenzen im realen Dasein zu demaskieren, scheint auch eine der Absichten von Rosas bisher ›berühmtesten Film‹ zu sein«[190], steht darüber in *epd Kirche und Film*. Praunheims Ehrlichkeit in NICHT DER HOMOSEXUELLE IST PERVERS wurde auch als schamlose Offenheit empfunden. Diese ist jedoch notwendig, damit er seine Themen in ihrer Widersprüchlichkeit und in ihrem Facettenreichtum betrachten kann. Seine Unvoreingenommenheit ermöglicht es zudem, die Filme mit Humor zu betrachten. »Vor allem aber ist

188 Dohter 1973, 14. Carla Aulaulu spricht in ROSA ARBEITER AUF GOLDENER STRASSE - 2. TEIL folgende, bereits weiter oben zitierte Worte: »Schweine, Mörder, diese Bande von Intellektuellen haben mir meinen Mann genommen, die Freude am Besitz gestohlen und mich meiner Lebensaufgabe entfremdet. Nieder mit der Intelligenz, es lebe der Tod.«

189 Rohrbach 1972, 100.

190 Schmid 1972, 3.

UNSERE LEICHEN LEBEN NOCH unheimlich lustig«, stellt Hellmuth Karasek in einer Filmkritik fest, »weil er sich über die fünf [Frauen] nie und nirgends lustig macht.«[191] Der Humor im Film rührt allein von der Eigenwilligkeit, der Widersprüchlichkeit und der Offenheit seiner Protagonistinnen her, wodurch diese schnell die Sympathie des Zuschauers gewinnen. Über Figuren, die sich offen und ehrlich entblößen, fällt es schwer zu lachen, so dass sich das Publikum zusammen mit ihnen zu amüsieren scheint.

Intensiv und nah portraitiert Praunheim Luzi Kryn in DIE BETTWURST. »In DIE BETTWURST wird ein Märchen erzählt: wie wäre es, wenn die Werbung ›recht hätte‹?«[192]

Kreimeier analysiert Luzis Wohnungseinrichtung:

> Die Wolkenstores, die prangende Künstlichkeit der Blumen, der Toilettenspiegel, das von Glühbirnen eingerahmte Madonnenbild an der Wand, Luzis blaues Seidenkleid und ihre blau-schwarze Frisur – alles Gegenständliche ist verschlungen zu einem Vexierspiel der Wünsche, die in einer Frage zusammenfließen: wo ist das Glück? Das Glück, das nie endende und durch nichts getrübte, im Gepränge und in der zweckfreien Häufung der Dinge herbeizwingen zu wollen: dies ist das Geheimnis der Nippeskultur.[193]

Luzi lebt in einer Überfülle, die als Schutz vor Leere dient. Kreimeier übersieht hier allerdings Luzis und Dietmars in DIE BETTWURST real vorhandenes Glück. Wie NICHT DER HOMOSEXUELLE IST PERVERS die Etappen eines Lebens im schwulen Untergrund vorführt, so ist DIE BETTWURST die

191 Karasek 1982, 157.
192 Kreimeier 1984, 13.
193 Kreimeier 1984, 13.

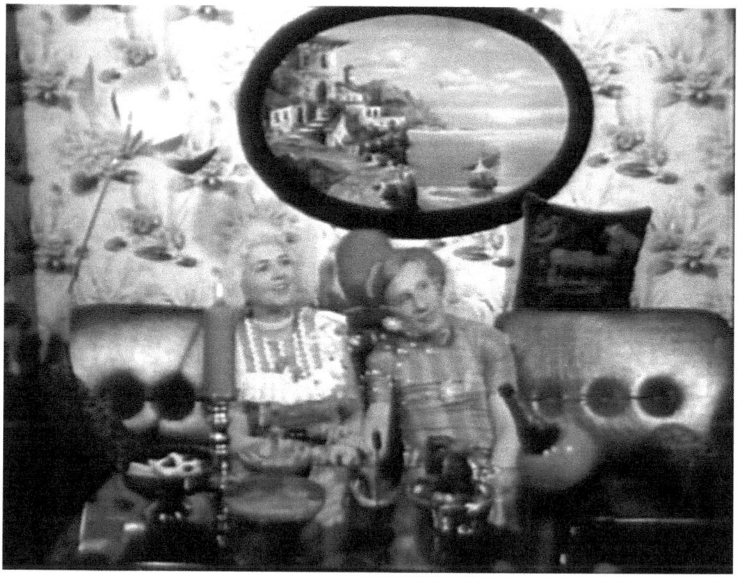

Abbildung 20: Wohnung von Luzi und Dietmar in BERLINER BETTWURST.

Parodie einer bürgerlichen Ehe. In verschiedenen Stationen kommen sich Luzi und Dietmar näher: über das erste Kennenlernen, gemeinsames Ausgehen beim Tanztee, einem Besuch im Schrebergarten und dem Kaffeetrinken mit einem Blick in Luzis Fotoalbum hin zur ersten Liebesnacht, dem Alltag und dem familiären Weihnachtsfest.

> Gerade im Dilettantismus dieser beiden Selbstdarsteller – in dem ihres Spiels auf der Suche nach Glück – überdauert eine unzerstörbare Aufrichtigkeit: Hoffnung auf die Realisierbarkeit einer Utopie, in der die erfüllte Liebe und das bewohnbare Heim sich zur Einheit des gelungenen Lebens verbinden.[194]

Diesem Wunsch ordnen Luzi und Dietmar alle anderen Wünsche unter.

194 Kreimeier 1984, 14.

Dennoch hängt das Glück der Filmfiguren Luzi und Dietmar an einem seidenen Faden, denn auch am Kitsch können sich bürgerliche Geister scheiden. Zu Weihnachten schenkt Dietmar Luzi Gläser und eine Karaffe in einem klassischen 70er Jahre Design mit orangen Streifen. »Ganz praktisch hast du dabei gedacht«, lobt ihn dafür noch Luzi. Dietmar selbst erhält die titelgebende Bettwurst, ein Bild von Luzi sowie einen Messerschleifer. Er schenkt Luzi das Wandbild einer dunkelhaarigen Schönheit.

Sie beginnen, das Bild gemeinsam zu betrachten:

Dietmar: Schau mal Luzi, wie schön das Bild ist. Wie die Augen strahlen, wie die leuchten. Das Mädchen hier, schau mal voller Sehnsucht, erwartet. So wunderbar das Bild. Findst' du das nicht? Ich find es herrlich.

Luzi: Sie steht an einem Baum als ob sie einen Geliebten er wartet mit dem sie ein Stelldichein hat. Lippen halb geöffnet, als ob sie ihn rufen wollte.

Dietmar: Weißt du, was ich sagen könnte zu diesem Bild? Das Mädchen, ne, das stellt so irgendwie einen exotischen Typ dar. Oder man kann auch sagen, vielleicht, wie ein Hawaii-Mädchen. Sooo ... verträumt. Die Blicken. Das hat einen direkt gefangen, find ich. Oder was meinst'n du, Luzi?

Luzi: Meinst du, die ähnelt mir?

Dietmar: Nein. Ich find du bist noch schöner als wie das Bild. Für mich bist du die Schönste, jawohl.

Luzi: Naja, weil sie nun grade dunkle Haare hat. Aber an für sich hat sie etwas Ähnlichkeit mit mir, findst' du nicht?

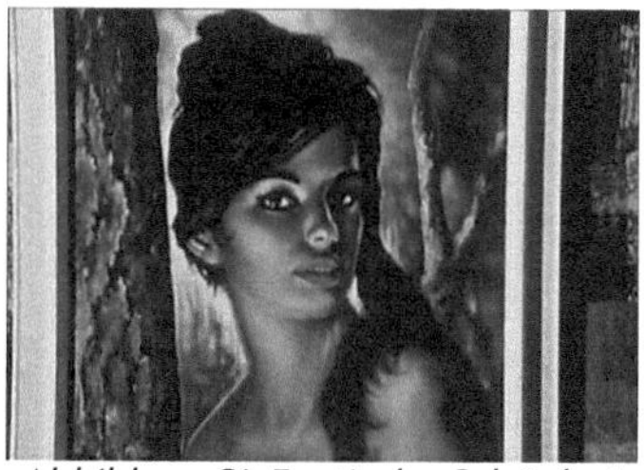

Abbildung 21: Exotische Schönheit in DIE BETTWURST

Dietmar: Nein, das nicht.

Luzi: Wie, doch.

Dietmar: Du siehst mehr aus, mit deinen blonden, schönen Haaren, wie ein Engel. Find ich.

Luzi: Ach dunkel ist auch schön.

Dietmar: Ja.

Luzi: Die langen Haare umrahmen so ihr Gesicht. Das sieht sehr gut aus.

Dietmar: Das sieht mehr rassig aus. Aber weißte, wenn man so ein Mädchen hat, ne, das hat man nicht lange. Aber an dich, dich hab ich lange, weißte. Und ich weiß, was ich an dir hab. Das Bild könnte einen direkt gefangen halten, find ich.

Luzi: Tja, werden wir sehen, an wen es erinnert. Oder ist das vielleicht eine Erinnerung an eine frühere Jugendliebe von dir?

Dietmar: Ach ja, ich kenn eine Striptease-Tänzerin, aber schon jahrelang zurück, da hat die Ähnlichkeit auch so wie sie gehabt. Bloß dass se vielleicht, man kann sagen, die Wangen, na, n'klein bissel weiter eingefallen war, aber die Ähnlichkeit so ungefähr kann man sagen.

Luzi: Ist auch ein guter Maler.

Während des Gesprächs zwischen Luzi und Dietmar zoomt die Kamera immer näher auf den halb geöffneten Mund der Gemalten.

Das Glück zwischen dem jungen Paar ist brüchig, für Dietmar scheint es noch andere Versuchungen zu geben. Luzi spricht ihre Sorgen aus; als ihr Dietmars Antwort nicht gefällt, kommt sie auf die Bildanalyse zurück, indem sie den Maler lobt. Tatsächlich handelt es sich um eine in poppigen Farben gemalte, südländische Frau. Ihre Augen und Lippen sind mit Reflexen versehen, ihre nackten Brüste werden im Bild angeschnitten. Das Bild hat bestenfalls kunsthandwerkliche Qualitäten und entspringt Dietmars Junggesellenphantasien, die nun in Luzis Wohnung eindringen. Ein gemaltes Pin-Up Girl, wie es in Ramschläden zu finden ist: moderner Konsumkitsch.

Dietmar lässt sein Junggesellenverhalten nicht hinter sich und träumt von exotischen Frauen – was an sich schon komisch genug ist, da er ja offensichtlich schwul ist –, und Luzi wird schließlich von kriminellen Bekannten aus seinem alten Leben entführt. Über diese Umstände hinweg halten Luzi und Dietmar jedoch zueinander. Dietmars Betrachtung seines Bildgeschenkes an Luzi ist einer der Schlüssel zum Erfolg ihrer Beziehung: »Aber weißte, wenn man so ein Mädchen hat, ne, das hat man nicht lange. Aber an dich, dich hab ich lange, weißte.« Hauptsache nicht allein sein. Mit Luzis rückversichernden Blick in die Kamera manifestiert sich ein Wunsch der realen Luzi Kryn: nach Selbstinszenierung. »Sie sind leidende, durch ihre Lebensumstände seelisch verkümmerte Existenzen«, schreibt der *Spiegel* und attestiert dem

Film »die Qualitäten eines seriösen, wohldurchdachten Soziogramms.«[195]

Bei der Analyse von DIE BETTWURST stellt sich die Frage, wie real das Glück von Luzi und Dietmar ist. Genügt das Ausleben der Werbepropaganda und führt dieses tatsächlich zu innerer Zufriedenheit oder übersehen die beiden nur ihre echten Wünsche? Anders gesagt: Sind die beiden glücklich oder glauben sie nur, glücklich zu sein? Und wenn letzteres der Fall ist, wäre dies schlimm? Der Film gibt keine Antwort auf diese Fragen vor, zeigt jedoch Praunheims frühe Beschäftigung mit der Suche nach dem Glück und mit der Ehe. Die Beziehung Luzis und Dietmars ist konträr zum promisken Leben Praunheims und zielt nicht auf eine Erfüllung durch eine Vielzahl von Partnern, sondern durch das Glück im Einen.

Promiske Charaktere haben Praunheim immer fasziniert, erst spät wendet er sich der von ihm skeptisch beäugten »heilen Welt« der Ehe positiver zu. In der Dokumentation WUNDERBARES WRODOW kommt ein altes Ehepaar zu Wort, dessen Beziehung auf ehrlicher Zuneigung basiert. Auch den Schwulen räumt Praunheim, im Gegensatz zum radikalen Programm in NICHT DER HOMOSEXUELLE IST PERVERS, später das Recht auf ein bürgerliches Leben ein: »Most gay people are bourgeois; they want to be bourgeois and to be a part of mainstream society. You can't force them to be revolutionaries.«[196]

Dennoch lässt er auch im Spätwerk gern heile Welten zusammenbrechen. In KÜHE VOM NEBEL GESCHWÄNGERT kehrt er zurück nach Wrodow,

195 o. A. 1971, 137.
196 Praunheim in Hays 2007, 351.

im Schlepptau das Obdachlosentheater »Ratten 07«. Die Ratten besetzen dort im Rahmen eines Workshops das Dorfschloss, kidnappen die Seminarleiterin und richten in der Dorfgemeinschaft Chaos an. Zwischen den Ratten und den Dorfbewohnern kommt es nicht nur zu Anfeindungen, sondern auch zu einer Liebesbeziehung. Die unterschiedlichen Welten ziehen sich gegenseitig an. Spielfilmhandlung und Realität sind bis zur Unkenntlichkeit miteinander vermengt, aber diese auseinander zu halten ist hier auch nicht von Interesse. Mit den Obdachlosen des Theaters »Ratten 07« findet Praunheim wieder einmal von der Gesellschaft nur wenig beachtete Protagonisten. Indem er sie offen von ihren Problemen berichten lässt, nimmt Praunheim diese ernst und gibt ihnen viel Freiraum, wodurch sie dem Zuschauer sympathisch nahe gebracht werden. Wenn die Obdachlosen »die ganze Welt als Wohnung« betrachten und mit der Bierflasche sowohl zum Sozialamt als auch zum Zahnarzt gehen, ist das gleichermaßen komisch wie tragisch. Mit ihnen hat Praunheim eine Gruppe gefunden, an der er seine Philosophie des »Films als Lebenshilfe« praktizieren kann. Die Truppe »Ratten 07« wird in zwei Filmen porträtiert und erhält so eine Möglichkeit, auch nach dem Ende der Förderung für ihr Theaterprojekt in KÜHE VOM NEBEL GESCHWÄNGERT und RATTEN 07 weiter zu spielen.

> Es gibt viele, die über ihre eigene Qualität gar nicht bescheid wissen, wie toll sie sind. Wenn man ihnen das klarmacht und ihnen das auch wiedergibt, daß sie sich so auch vor der Kamera produzieren können, wie sie wirklich sind, das ist dann meine Begabung[197],

197 Praunheim in Kuhlbrodt 1984, 224f.

sagt Praunheim selbst Anfang der 80er Jahre über seine Filme. Doch nicht immer gelingt es seinen Protagonisten und Filmfiguren, sich ihrer eigenen Situation bewusst zu werden, geschweige denn einen Weg zum Glück zu finden. »Ihre Tragik ist nicht, daß sie anders sind als die anderen, ihre Tragik ist vielmehr, daß sie nicht zu ihrem Glück finden«[198], schreibt ein Kritiker über die Figuren in STADT DER VERLORENEN SEELEN. Eitelkeiten und Gespaltenheit erlauben es ihnen nicht, zueinander zu finden und sich selbst zu verwirklichen.

Neben der Selbstverwirklichung der Darsteller nutzt Praunheim deren Lebenserfahrung ebenso für sich selbst. An Luzi bewundert er:

> Dieses Selbstbewußtein und dieser Stolz! Das ist nicht nur für Schwule wichtig oder für Frauen oder Minderheiten wichtig, das zu lernen, damit man nicht dauernd Schuldgefühle mit sich herumtragen muß, daß man anders ist. Und diese Leute machen mir das vor und geben mir dadurch viel Stärke wieder.[199]

So wie er mit den Filmen Wünsche seiner Darsteller erfüllt, so erfüllt er sich mit diesen auch eigene Wünsche.

198 Thie 1983, 4.
199 Praunheim in Maerker/ Roth 1984, 60.

4.2.2 Revolte der Perversen – Normalität und Perversion

»Revolte der Perversen« ist der Untertitel des Films ARMEE DER LIEBENDEN. Mit »50 Jahre pervers« untertitelt Praunheim seine Autobiografie NEUROSIA und nennt so auch sein autobiografisches Buch. Als pervers – so werden die Homosexuellen zum Erscheinen von NICHT DER HOMOSEXUELLE IST PERVERS, SONDERN DIE SITUATION, IN DER ER LEBT, betrachtet. Praunheim wirft diese Perversität auf die Gesellschaft zurück. Perversion ist bei Praunheim Faszination, Stolz und Provokation gleichermaßen. Der Klang des Wortes »pervers« weckt in der alltäglichen Verwendung keine solchen Assoziationen. Primär bezeichnet Perversion ein der gängigen Moral widersprechendes Sexualverhalten. Durch die häufige Nutzung des Begriffes »pervers« führt Praunheim dessen Bedeutung ad absurdum. Er zeigt Sexualität so wie sie ist und gerade hierdurch verliert sie das Perverse. Durch die Infragestellung gesellschaftlicher Moralvorstellung wird die Perversion eben auf diese Moral zurückgeworfen. Die Moral wird pervers im Sinne von befremdlich und widersinnig. »Nicht Rosa von Praunheim ist pervers, sondern das ZDF, für das er dreht«, beklagt ein Kritiker die Zensur eines seiner Filme wegen der Verletzung sittlicher Gefühle.[200]

Oft fällt es Praunheims Kritikern schwer, festzulegen, wo Perversion beginnt und wo diese endet. In den Filmen sind verschiedenste sexuelle Spielarten zu sehen, doch welche davon sind normal? Beginnt Perversion bei Promiskuität, bei Homosexualität oder bei dem Knabenliebha-

200 Limmer 1974, 18. Beklagt wird die Zensur von AXEL VON AUERSPERG.

ber, den er in Armee der Liebenden vorstellt? Sind Schwule in der Kirche pervers oder schwule Nazis? Praunheim setzt in seinen Filmen keine Grenzen und lässt den Zuschauer selbst entscheiden. Oft wählt er bewusst extreme Fälle, so dass alles Alltägliche beinahe bieder wirkt. Er setzt hoch an, um ein Maximum an Akzeptanz zu erreichen. Zu bedenken ist der gesellschaftliche Wandel, der Praunheims Filme begleitet. In den 60er Jahren war eine Toleranz oder gar Akzeptanz von Homosexuellen in weiten Teilen der Gesellschaft undenkbar. Dabei vollzog sich auch in heterosexuellen Kreisen eine deutliche Veränderung des sexuellen Selbstverständnisses, einerseits durch die Emanzipation der Frauen, andererseits durch die Kultivierung sexueller Freizügigkeiten in offenen, heterosexuellen Beziehungen oder gar in Swingerclubs. Nur noch Verbotenes scheint im Vergleich dazu heute pervers.

Die Liberalisierung der Gesellschaft hat zwar zu Toleranz, jedoch nicht zu Akzeptanz geführt. Tolerieren kann man nur etwas, das man nicht mag. Akzeptanz bedeutet hingegen auch immer die Anerkennung und den Respekt gegenüber dem Anderen. »Wir wollen nicht nur toleriert, wir wollen akzeptiert werden« fordert bereits die schwule Kommune in Nicht der Homosexuelle ist pervers. Durch die Porträts von Tunten und Transvestiten wirbt Praunheim für die Akzeptanz von Minderheiten, die auch von Schwulen nicht bedingungslos akzeptiert, meist sogar ignoriert werden. Kreimeier sieht sie als »die ›cœurs doubles‹ einer Epoche, die ihrer permissiven Ideologie zum Trotz ihre sexuellen Dissidenten noch immer diskriminiert und sie unter geeigneten politischen Bedingungen ohne weiteres noch einmal, wie im Faschismus geschehen, in die Vernichtung treiben würde.«[201] Tunten und Transvestiten fordern von der Gesellschaft ein Maximum an Narrenfreiheit und Akzeptanz. Sie treten dabei als Mittler verschiedener Welten auf und sind durch ihre Unangepasstheit in der Gesellschaft am auffälligsten und somit konservativen Kreisen ein Dorn im Auge. Praunheim unterstützt sie, weil er ihr Selbstbewusstsein respektiert und bewundert. Gleichermaßen wird durch sie eine Forderung nach gänzlicher Befreiung von Sexualität laut. Im heutigen Fernsehen, das Sexualität auf allen Kanälen zeigt, herrschen vielseitige Sexualneurosen vor, die Praunheim zu bekämpfen versucht. Kreimeier nennt die »Utopie einer nicht-neurotischen Sexualität«[202] einen der Antriebe für Praunheims Filmschaffen. In dieser Utopie kann es keine Perversion geben, denn die sie erzeugende Moral und Zwänge sind nicht existent.

Ist die von Helga Goetze in ROTE LIEBE geforderte Sexualität pervers? Den Jahren ihrer lieblosen Ehe setzt sie Jahre eines promisken und sexuell experimentierfreudigen Lebens entgegen. Das besondere an ihr ist, dass sie ihr Sexualleben öffentlich macht, genau wie Praunheim. Hierfür wird sie kritisiert, ihr Vordringen herabgewürdigt. Christian Pundt schreibt über die Reaktionen auf einen öffentlichen Auftritt Goetzes im Fernsehen:

---

201 Kreimeier 1984, 20.
202 Kreimeier 1984, 39.

> Die übrigen Kritiken versuchen durch die Zurückweisung des Vorwurfs der skandalträchtigen Grenzüberschreitung zugleich der Sendung die gesellschaftliche Relevanz abzusprechen, da sowohl die verbalen Ausfälle einiger Diskutanten [gemeint ist Rosa von Praunheim] als auch der Nacktauftritt der Frau Goetze im Medium Fernsehen keinen Neuigkeitswert mehr besitzen. Stellvertretend dafür eine andere Springer-Zeitschrift: ›Am Ende hatten alle Beteiligten vergessen, dass ein nackter Hintern noch keine klassenlose Gesellschaft macht und dümmlicher Exhibitionismus keinen Kulturschock auslöst.‹[203]

Durch das besondere Medienecho auf Goetzes Provokationen wird deren Bedeutung allerdings bewiesen und der Vorwurf der Nebensächlichkeit nichtig. Tatsache ist, dass die von Goetze in den 80er Jahren provozierten Skandale nichts Neues waren, die Reaktionen auf sie allerdings das neurotische Verhältnis Vieler zur Sexualität offenlegen. Gleichermaßen kann die Naivität solcher Aktionen auch als Quelle für Sympathie dienen. Goetze bekundet, wie Praunheim, offenherzig und voller Hoffnung ihre Meinung. Hellmuth Karasek findet in einer Kritik zu ROTE LIEBE und UNSERE LEICHEN LEBEN NOCH ein passendes Fazit zu den provokativen Inhalten von Praunheims Filmen: »Rosa von Praunheims Revolten gegen den guten Geschmack sind geradezu verteufelt human. Ihre Zuversicht will nicht in den heutigen Kram passen. Das ist das perverse an ihnen.«[204]

---

203 Pundt 2008, 268. Die zitierte Zeitschrift ist *Hörzu* 38, 1982.
204 Karasek 1982, 157.

So wie »Perversion« der »Normalität« gegenübersteht, so kontrastiert »Natürliches« »Unnatürliches«. Hier handelt es sich um ähnliche Diskurse. Besonders interessiert der Widerspruch zwischen Künstlichkeit und Natürlichkeit in Praunheims Figuren. Meist sind diese von der Natur entfremdet, wie Tally Brown, die sich selbst als »urbanes Geschöpf« betrachtet. In TALLY BROWN berichtet sie vom Leben in der Stadt und ihrer Angst vor dem Lande. Sie kann sich eine Existenz außerhalb ihres künstlich erschaffenen Umfeldes, ihrer Wohnung, ihrer Stadt, ihrer Gemeinschaft, nicht mehr vorstellen. Gleichermaßen inszeniert sie sich selbst als Kunstfigur, die in ihrer Künstlichkeit einen Fetisch gefunden hat. »Why do you follow me … staring, like all of them. Why don't you let me be myself?« wirft sie dem reisenden Fritz in LEIDENSCHAFTEN vor. Freilich lässt sich gerade in dieser Entfremdung des Menschen von der Natur eine Ursache für die beschriebenen sexuellen Neurosen suchen, in LEIDENSCHAFTEN durchstreift Fritz nackt exotische Dschungellandschaften. In KÜHE VOM NEBEL GESCHWÄNGERT zeigt Praunheim eine große Freude am Zusammenprall des Ruralen und des Urbanen: Obdachlose aus der Großstadt besuchen eine integre Dorfgemeinschaft. In MIT OLGA AUF DER WOLGA begleitet Praunheim Touristen auf einer Wolgakreuzfahrt. Der Reisende Peter ist nur zuliebe seiner Frau Petra mit an Bord, für ihn bietet der Urlaub nichts Aufregendes. Er verwechselt die Wolga mit der Moldau, ein Haus sieht für ihn wie das andere aus; die Reiselust der Anderen ist ihm suspekt. Eine der Reisenden, Ellen, ist vom Zustand des russischen Schiffes schockiert. Die Begegnung mit der exkommunistischen Armut ist für sie überwältigend.

Meist spielt in Praunheims Filmen das Sammeln von alternativen Lebenserfahrungen eine Rolle. In NICHT DER HOMOSEXUELLE IST PERVERS kommt Daniel aus der Provinz in die Großstadt, in DIE BETTWURST kommt Dietmar aus der Großstadt nach Kiel und in BERLINER BETTWURST Luzi aus Kiel in die Großstadt. Auch in DER 24. STOCK (1977) zeigt Praunheim die Entfremdung der Protagonisten von ihrer ursprünglichen Lebensweise. Die Plattenbauten der Wohnsiedlung bieten keine Möglichkeiten des sozialen Beisammenseins und fördern die Vereinsamung. Die Landschaft ist kultiviert und ihre letzten Reste liegen hinter einem Bahndamm, unerreichbar für die gebrechlichen Alten, die in den Bauten wohnen. DOLLY, LOTTE UND MARIA, ÜBERLEBEN IN NEW YORK und ANITA konfrontieren ebenso Individuen mit dem Land- und dem Stadtleben und stellen moderne Biografien in Frage.

So wie Praunheim das Leben interessiert, so interessiert ihn auch der Tod. Die Beschäftigung mit einem Thema dient hier wieder zu dessen Bewältigung. »Der Tod wird beschworen, damit er nicht eintritt. Das Zeigen des Schmerzes evoziert dessen Aufhebung.«[205] »Mich fasziniert der Tod«[206], sagt Rosa von Praunheim und beschreibt, wie er mit 19 Jahren seine eigene Beerdigung mit Freunden inszenierte und feierte.[207] Mit TODESMAGAZIN ODER: WIE WERDE ICH EIN BLUMENTOPF? versucht Praunheim freilich zu provozieren und beschäftigt sich plakativ mit dem Tabuthema. Durch eine Montage von Nachrichtenausschnitten

205 Dohter 1973, 14.
206 Praunheim 1979b, 32.
207 Siehe Praunheim 1979b, 34.

zeigt er, wie umgeben wir im Alltag vom Tod sind, wie wir ihn aber dennoch zu ignorieren versuchen. Er vergleicht mit anderen Kulturen und findet ein mexikanisches Totenfest, bei dem von zuckrigen Totenschädeln für Kinder kein Schrecken ausgeht. Praunheim übersieht dabei allerdings, dass auch in der westlichen Welt Totensymbole durch Jahrmärkte, Geisterbahnen und Werbung banalisiert, aber auch kommerzialisiert wurden und in modischer Kleidung und Accessoires im Gothic- oder Metal-Stil veralltäglicht sind. Eine Auseinandersetzung mit dem Thema Tod findet dadurch im Mainstream freilich nicht statt.

Eine Steigerung des Todesthemas zeigt sich in den neueren Kannibalismus-Filmen DEIN HERZ IN MEINEM HIRN (2005), GERMANS TASTE THE BEST (2007) und etwas schwächer in CAN I BE YOUR BRATWURST, PLEASE? Mit dem Kannibalismus findet Praunheim ein neues Reizthema. Hier scheinen jedoch hauptsächlich Praunheims Faszination und die damit verbundene Provokation im Vordergrund zu stehen. Selbstredend wirbt Praunheim nicht für Kannibalismus, genauso wenig wie er in MÄNNER, HELDEN, SCHWULE NAZIS für nationalsozialistische Ideen eintritt. In seinen späteren Filmen interessieren ihn zunehmend Befremdlichkeiten und Menschen mit Charakterspaltungen. Mit Dokumentationen wie DIE JUNGS VOM BAHNHOF ZOO (2011) betrachtet er junge Männer mit problembehafteter Vergangenheit. Die in dem Film vorgestellten männlichen Ex-Stricher vom Bahnhof Zoo werden im Film in einem Ausschnitt des Fernsehmagazins »Abendschau« von 1965 als »Grundrechts-Neurotiker, unverbesserliche Parasiten der Gesellschaft an der Peripherie einer reformbedürftigen Gesetzgebung« betrachtet. Nicht einmal die provokanten Formulierungen in Nicht der Homosexuelle ist pervers übertreffen dieses von Praunheim gefundene Zitat an Härte. Es leitet einen Film ein, in dem Praunheim zahlreiche Interviews über Misshandlungen und Qualen führt, ohne jedoch selbst Stellung zu beziehen. Er beobachtet, doch agitiert nicht mehr.

5. Aktivismus – Provokation und Reaktion

»Für mich ist ein Skandal etwas Fruchtbares. Er regt auf und dazu an, sich für ein Thema leidenschaftlich zu engagieren. Ohne Reibung, ohne Tabubrüche gibt es keinen Fortschritt.«[208]

Rosa von Praunheim

5.1 Frühe Schwulenbewegung

Mit NICHT DER HOMOSEXUELLE IST PERVERS ruft Praunheim mehrere Skandale hervor. Das homosexuelle Publikum empfindet sich durch die stereotypen Darstellungen gedemütigt, konservative Kreise betrachten den Film ohnehin als verwerflich und durch die Absetzung im ARD-Programm bleibt dieser in den Medien über ein Jahr lang ein Reizthema.

Praunheim provoziert mit Klischees der Schwulenszene. Viele zeitgenössische schwule Zuschauer betonen in Briefen und Filmkommentaren, dass ihr Leben nichts mit dem im Film Gezeigten zu tun habe.[209] Praunheim setzt sich dafür ein, dass der das schwule Publikum direkt ansprechende Film auch einer breiten Öffentlichkeit im Abendprogramm des deutschen Fernsehens gezeigt wird. Als die ARD-Sender den Film letztlich ausstrahlen, gelingt Praunheim eine raffinierte Provokation. Ihm ist bewusst, dass sich Zuschauer gegen ihn und seinen Film wenden werden, weswegen dieser in Kinos und auch im Fernsehen stets

208 Rosa von Praunheim in Haschnik/ Meinert 2009.
209 Zu den Reaktionen auf den Film siehe Praunheim 2008.

mit anschließenden Diskussionen gezeigt wird. »[I]ch möchte inhaltsmäßig, gefühlsmäßig etwas aufreißen«[210], sagt der Regisseur 1983 in einem Interview. »Und ich fühl mich dann am wohlsten, wenn ich sehr viel [sic] Aggressionen aus dem Publikum nicht so sehr gegen den Film, sondern gegen den Filmemacher, also gegen mich, spüre.«[211] Im Dialog mit dem Publikum nutzt er dessen durch den Film aufgebrachte Wut und Energie, um diese in die Arbeit für eine selbstbewusste homosexuelle Szene zu kanalisieren.

Mit NICHT DER HOMOSEXUELLE IST PERVERS gelingt es Praunheim, die Öffentlichkeit für homosexuelle Belange zu sensibilisieren. Durch dessen provokative Inhalte zwingt er viele zurückgezogene Schwule dazu, sich zu äußern. In den 70er Jahren hat Praunheim das Ziel, breite Gesellschaftsschichten und ihre Einstellung zur Sexualität zu verändern und betrachtet Promiskuität als revolutionär.[212] Vieles von dem scheint aus heutiger Sicht antiquiert. Zu Recht bemerkt schon eine zeitgenössische Filmkritik, dass Promiskuität, Intoleranz und die Suche nach alternativen Lebensformen keine rein homosexuellen Problemstellungen sind.[213] Radikalere Stimmen fordern eine Ausweitung des Films auf Heterosexuelle:

> Rosa von Praunheim hatte Recht mit seiner Feststellung. Abgehandelt davon müßte man aber noch viel weiter gehen: Nicht der freizügige Sexualität Fordernde ist pervers, sondern die Gesellschaft

210 Rosa von Praunheim in Maerker/ Roth 1984, 47.
211 Rosa von Praunheim in Maerker/ Roth 1984, 47.
212 Siehe Praunheim 1979a, 18.
213 Siehe Buchka 1979, 16.

> in der er lebt! - Eben die Spießbürger, die (N)etikettefanatiker! Das gilt für Hetero- wie Homosexualität![214]

Diese Forderung ist zwar etwas polemisch und trifft nicht die Kernforderung des Films nach Solidarität, dennoch zeigt sie, dass in heterosexuellen Kreisen natürlich ähnliche Bedürfnisse nach einem freien Ausleben von Sexualität existieren. Auch unter Heterosexuellen gibt es Minderheiten, Kommunen, Fetische, Swingerclubs und viele weitere bei Praunheim den Schwulen als einzigartig zugeschriebene Aspekte. Zudem ist Praunheims Forderung nach mehr Solidarität ein sehr allgemeingültiger Wunsch menschlichen Zusammenlebens. Jede Minderheit und Gemeinschaft strebt – besonders im Angesicht einer Massenkultur – nach solidarischem Zusammenleben und sozialer Wärme. »Schwul sein ist nicht abendfüllend«, ruft die Kommune in NICHT DER HOMOSEXUELLE IST PERVERS aus, dennoch scheint dies im Film der Fall zu sein. Sexualität wird hier nicht nur als solche begriffen, sondern bildet den Grundstein für alternative Kulturen. So wie Praunheim die bürgerliche Ehe kritisiert, so zeigt er keine konkreten Alternativen zu ihr auf. Die blasse Schwulenkommune am Ende des Films beweist viel eher, dass Visionen oft nur in abgedroschenen Phrasen ihrer Ideologie enden. Gleichermaßen wurde Praunheim auch vorgeworfen, er klammere Bisexualität im Film aus. Allerdings deutet dieser bereits eine Vielzahl homosexueller Spielarten an. Ledertypen, Tunten, väterliche Gönner und weitere Figuren zeigen selbst bei den stereotypischen Darstellungen ein breites Spektrum sexueller Wünsche auf. Dennoch bleiben sie stets mit einer

214 Fehring 2002, 34.

Vielzahl von Neurosen behaftet und Hauptfigur Daniel erfährt keine sexuelle Befreiung.

Mit NICHT DER HOMOSEXUELLE IST PERVERS erlangt Praunheim große Medienaufmerksamkeit und begünstigt die Gründung schwuler Aktionsgruppen, wie der Homosexuellen Aktion West-Berlin (HAW), die sich durch eine Diskussion und ein Treffen im Berliner Arsenal-Kino bildet.[215] Die Bildung weiterer Gruppen folgt dieser. Der Film dient als Mittel zum Zweck, um Praunheims politisches Ziel für mehr Solidarität zu erreichen. Neben der Gründung von Schwulengruppen als Reaktion auf die Filmgespräche nutzen auch Frauen den Film als Anlass, um sich zu organisieren, z. B. in der HAW-Frauengruppe.[216] Auffällig ist, dass Praunheim dieses Ziel so direkt erreicht, obwohl er sich offensichtlich und bewusst »falscher« Mittel bedient.

Die naive Machart des Films, sowie diesen asynchron und nachvertont zu zeigen, machen ihn nicht massenkompatibel. Dennoch konnte sich Praunheim sicher sein, dass der Film ein großes Publikum finden sollte, da von Bavaria für das öffentlich-rechtliche Fernsehen produziert. Die Nachvertonung hatte neben finanziellen und ästhetischen Aspekten auch den Vorteil, den beißenden Kommentartext erst sehr spät der Produktionsanstalt offenbaren zu müssen und somit einer Zensur oder redaktionellen Einflüssen lange entgehen zu können.

Die überzeichneten Situationen des Films bedienen sich einer eigenwilligen Ironie, die oft nur durch die stilisierte Stimme des Erzählers deutlich offengelegt wird. Ironie ist, besonders bei einem für das be

215 Siehe Praunheim 2008, 81f.
216 Siehe Lenz 2008, 230 und 237.

troffene Publikum ernsten Thema, für viele nur schwer verständlich. Hierdurch wird ebenfalls die Kompatibilität des Films in seiner eigentlichen Zielgruppe herabgesetzt. Dies erklärt auch, warum der Film mehr vom heterosexuellen als vom homosexuellen Publikum gelobt wurde.[217] Das heterosexuelle Publikum wird im Film nicht angegriffen. *epd Kirche und Fernsehen* hebt die offene Darstellungsweise und Aufklärung des Films hervor: »Vorurteile, lehrt die Massenpsychologie, entstehen aus Angst und Ungewißheit, Unwissenheit. Abgebaut werden sie nicht durch Appelle, sie abzubauen, sondern in aller Regel durch Information, durch Wissend-Machen.«[218] Durch seinen keinesfalls beschönigenden Charakter wirkt der Film ehrlich und erzeugt gleichfalls durch naive Offenheit beim heterosexuellen Publikum Sympathien, da er nichts von diesem fordert, sondern es lediglich informiert. Queer-Forscher Les Wright begutachtet die Besonderheiten der Aufklärungsarbeit von NICHT DER HOMOSEXUELLE IST PERVERS:

> The film sets up a dialectical relationship with its audience, encouraging the viewer to actively put the pieces together. Its didactic purpose is manifested in von Praunheim's insistence that he (or another member of the production crew) be present at the screening. According to one critic, the film is ›descriptive‹ rather than ›analytical‹.[219]

Diese Analyse lässt sich noch weiter führen. Der Film beschreibt die Situation der Homosexuellen auf zwei Ebenen: bildlich und im Voiceover. Im Sinne einer streng dialektischen Herangehensweise kann der

217 Siehe Maerker/ Roth 1984, 68.
218 Rölz 1972, 6.
219 Wright 1998, 106.

Zuschauer daraus folgendes ableiten: Die Bilder des Films sind eine These (z. B. Daniel mit seinem ersten Freund Clemens in ihrer gemeinsamen Wohnung – gemeinsames Zusammenleben, abgeschottet von der Außenwelt). Das Voiceover ist eine Antithese, in der der Sprecher Daniels und Clemens' Zusammenleben als spießig und dem heterosexuellen Bürgertum angeglichen beschreibt. Der Zuschauer bildet hieraus eine Synthese, die in diesem Fall besagt: Selbstverleugnung führt nicht zum Glück, es muss einen Mittelweg geben. Clemens und Daniel sollten sich nicht verstecken.

> Von Praunheim sought to subvert gay moviegoers as passive consumers and help create an *Öffentlichkeit* or better, *Gegenöffentlichkeit*, an alternative public space, where the audience are the filmmaker's equals and thus social beings.[220]

Durch die fehlende Vorgabe einer Lösung und widersprüchliche Meinungen fordert Praunheim den Zuschauer zum selbständigen Nachdenken auf, Film wird zur Selbsterfahrung.[221] Dass dieser Prozess wirklich eintritt, kann jedoch auch der didaktische Aufbau des Films nicht garantieren.

NICHT DER HOMOSEXUELLE IST PERVERS steht konträr zur bisherigen Schwulenpolitik.

> Zweifellos bringt Praunheims Film die gutmütige und gut eingebürgerte Beweisführung von Homosexuellen als Auch-Menschen ins Wanken, die zu jener Toleranz führt, die homosexuelle

220 Wright 1998, 105. Die Hervorhebungen sind aus dem Originaltext übernommen.

221 Siehe Wright 1998, 110.

> Beziehungen duldet, wenn sie sich den Verhaltensweisen einer heterosexuellen, bürgerlichen Umwelt überanpaßt.[222]

Durch die neuartige Didaktik sind Missverständnisse nicht ausgeschlossen und Praunheim erreicht mit dem Film sein Ziel einer Konfrontation. Er zeigt ihn besonders auch im Fernsehen, »damit die Homosexuellen nicht mehr ausweichen können, sondern knallhart konfrontiert werden, entweder ja zu sich selbst zu sagen, oder in ständiger Furcht zu leben, erkannt zu werden und seelisch zu verkümmern.«[223]

Aus dieser Aussage Praunheims spricht seine Frustration über die gesellschaftliche Lage, unter der er selbst leidet. Der Arbeitstitel »Das Glück in der Toilette« spiegelt Praunheims Auffassung der schwulen Subkultur wider.[224] Als »[e]ine Welt voller Selbsthaß, Schuldgefühl, Selbstbezogenheit und der Angst, Gefühle zu zeigen, enttäuscht zu werden«[225] beschreibt Praunheim 1976 den schwulen Untergrund. Ein vergleichbares Gefühl beobachtet er bei einem weiteren Thema. »Die Menschen sind verschlossen, fürchten sich, jeder möchte mehr sein, als er ist, und behält seine Not für sich allein.«[226] Praunheim findet eine ähnliche Situation in einer ganz anderen Menschengruppe vor, nämlich den älteren Hochhausbewohnern in DER 24. STOCK. Sein persönlicher Bezug zum Thema ist hier, dass seine Mutter eine Bewohnerin der Hochhäuser ist. Unabhängig von Thema und Ort gelingt es Praunheim, Gefühle festzuhalten und diese filmisch darzustellen.

222 Rölz 1972, 6.
223 Praunheim 2008, 67. Zitat aus der *Münchner Abendzeitung* vom 06.07.1971.
224 Praunheim/ Dannecker 1987, 82.
225 Praunheim 1991, 24.
226 Praunheim 1991, 254.

So wie er anderen damit indirekt hilft, hilft er zunächst auch sich selbst, was NICHT DER HOMOSEXUELLE IST PERVERS zu einem besonders persönlichem Film macht. Erst durch den Film und die Diskussion in den Medien erfahren beispielsweise seine Eltern von seiner Homosexualität. Durch sein filmisches Outing erreicht Praunheim ein persönliches und ein gesellschaftliches Ziel: die eigene Befreiung und mehr Selbstreflexion der Schwulen. Befürchtungen seiner Kritiker, pogromartige Ausschreitungen gegen Schwule hervorzurufen, bewahrheiten sich nicht.

Konfrontation bleibt ein grundlegender Ansatz in Praunheims Filmen, um schwule Themen zu diskutieren. So scharf wie in NICHT DER HOMOSEXUELLE IST PERVERS kritisiert er die schwule Szene jedoch nicht mehr. Es entsteht der Eindruck, dass er mit dem Film auch Selbstkritik übt, die er durch Selbstreflexion in den folgenden Filmen immer mehr mäßigt. ARMEE DER LIEBENDEN zeigt Errungenschaften der amerikanischen Schwulenbewegung und ist weniger kritisch. Dennoch baut der Film auf einer ähnlichen Ideologie und Herangehensweise wie NICHT DER HOMOSEXUELLE IST PERVERS auf. »[D]ie größte Qualität des Films ist sicher seine bedingungslose Aufrichtigkeit. Praunheim beschönigt nichts, um für die ›Normalen‹ die Homosexualität akzeptabler zu machen«[227], bemerkt Peter Buchka. Filmwissenschaftler Richard Dyer stellt bei ARMEE DER LIEBENDEN eine ähnliche Didaktik fest, wie sie weiter oben schon NICHT DER HOMOSEXUELLE IST PERVERS attestiert wurde: »It is caught between vanguardism (telling people what's what, urging them into

227 Buchka 1979, 16.

action) and libertarianism (refusing to have a position or set oneself up as a leader).«[228] Vom Zuschauer wird wieder gefordert, die gegenläufigen Thesen des Films zu vereinbaren und eine aktive Rolle einzunehmen. Auch Praunheims Streben nach alternativen Lebensformen ist in ARMEE DER LIEBENDEN noch verankert:

> Kämpferisch will er nämlich darauf hinweisen, daß in der Homosexualität auch eine Form von alternativem Leben begründet liegt. Da freilich scheint er selber ideologisch zu werden, denn erstens gibt es auch unter Homosexuellen handfeste Eifersüchteleien und Liebesdramen, und zweitens ist die Promiskuität bei den Heterosexuellen nicht gerade unüblich. Was er meint, ist schon klar: die Ablehnung der lebenslangen Zwangsehe – aber die hat schließlich schon Wilhelm Reich durchschaut.[229]

Auch Buchka fällt auf, dass alternative Lebensgemeinschaften keine homosexuelle Domäne sind und Praunheim Schwule in einer überhöhten Sonderstellung betrachtet. Es scheint, dass die Unterschiede zwischen Heterosexuellen und Homosexuellen bei weitem nicht so groß sind, wie von Praunheim dargestellt. Durch Vox Pops von heterosexuellen Mitmarschierenden bei Schwulenparaden in ARMEE DER LIEBENDEN deutet sich dies bereits an. In seinen späteren Filmen revidiert Praunheim seine frühen Ansichten, wenn promiske Heteros und monogame Schwule und Lesben gleichermaßen bejahend dargestellt werden.

Durch Praunheims häufige Suche nach neuen Tabuthemen und Grenzen kommen auch Zweifel an der Seriosität seiner Arbeiten auf –

228 Dyer 1990, 222.
229 Buchka 1979, 16.

besonders dann, wenn vordergründig nur provoziert wird. Medienwissenschaftler Horst Rörig arbeitet die Charakteristika einer medialen Provokation aus:

> Eine provozierende Wirkung wird dann erkannt, wenn eine Sendung einen die alltäglichen Normen überschreitenden, grenzverletzenden, auch aggressiven Anspruch hat. Bezweckt wird damit eine gesteigerte Aufmerksamkeit des Zuschauers [...]. Provokation steht als Wirkungswert damit in enger Verwandtschaft zu Reflexion und Kritik, Irreführung, Polarisierung und Aktivierung.[230]

Gleichermaßen warnt Rörig aber auch: »Der Skandal als positives Qualitätsmerkmal hat allerdings Grenzen. Provokation wird negativ bewertet, wenn sie zu intensiv oder dauerhaft eingesetzt wird.«[231] Durch die übermäßige Provokation läuft Praunheim Gefahr, eine komplette Ablehnung des Zuschauers zu forcieren, nicht Aufnahme, sondern Abwehr als Reaktion zu bilden. Aufgrund Praunheims filmischer Irreführung folgt die von Rörig benannte Polarisierung, die wegen der sehr starken Provokation allerdings nicht zu Reflexion und Kritik führen muss, wodurch die Aktivierung des Zuschauers ausbleiben würde. In NICHT DER HOMOSEXUELLE IST PERVERS gelingt Praunheim somit eine Gratwanderung. Der Film enthält genügend deutlich überzeichnete Bilder, so dass er von einer ausreichenden Anzahl von Zuschauern wie gewünscht ernst genommen und diskutiert wird, damit das Ziel einer Aktionsbildung erreicht werden kann. In ARMEE DER LIEBENDEN versucht Praunheim noch provokantere Bilder zu finden. »Of the interviewees, the two people who seem to be given most space are those who

230 Rörig 2001, 167.
231 Rörig 2001, 168.

advocate the more extreme politics […]."[232] Viele Protagonisten des Films vertreten fragwürdige Ansichten: Es wird unter anderem der Knabenliebhaber Tom Reeves porträtiert, der seine sexuellen Vorlieben nicht versteckt, sondern sich auch noch offen als Revolutionär vor der Kamera präsentiert:

> Die Schwulenbewegung hat verkündet, dass wir keine Kinder verführen und dass wir nicht an Jugendlichen interessiert sind. Ich bin aber daran interessiert, Teenager zu verführen. Wieviel besser kann jemand sein Leben leben, wenn er schon mit 13 Jahren weiß, dass er schwul sein darf, als wenn er schmerzhaft Schuldgefühle mit sich herumtragen muss, bis er 20 ist? Also ich bin stolz darauf zu sagen, dass ich so viele wie möglich von denen verführe, die in einer aggressiven, spießigen, verklemmten bürgerlichen Familie aufwachsen müssen.

Zudem stellt er einige Jungen vor, mit denen er sexuelle Kontakte hatte. Auch wenn diese Kontakte auf freiwilliger und gegenseitiger Basis erfolgten, steht er in den USA vor Gericht.

Praunheim sucht in seinen Filmen möglichst provokante Protagonisten. Viele grenzwertige Themen werden dabei nicht ausgeklammert. In *50 Jahre pervers* schreibt er über einen Liebhaber:

> Adonis erzählte mir in der Nacht, daß er in seiner Jugend in eine Ziege verliebt gewesen war. Zuerst hätten seine Freunde die Ziege brutal vergewaltigt, sie sei erschreckt weggerannt und einige Tage weggeblieben. Als sie wiederkam, behandelte er sie sanft und lieb und fickte sie über Jahre regelmäßig. Ihr schien das sehr zu gefallen. Ich hätte diese Geschichte gerne verfilmt.[233]

232 Dyer 1990, 222.
233 Praunheim 1995, 343.

Diese groteske Anekdote Praunheims lässt seine Einstellung zu provokanten Themen anschaulich ergründen. Ungeachtet dessen, ob diese Geschichte nun wahr ist oder nicht, vereint sie mehrere Realitätsebenen in sich. Einerseits scheint sie abwegig und absurd, gleichermaßen aber auch tragisch. Sie bestärkt beim Leser eventuell bestehende Stereotypen – Adonis kommt offenbar aus bäuerlichem, italienischen Bergland – greift aber auch klassische Motive der Antike und erotischer Kunst auf. Ebenso wird in der Geschichte die mittelalterliche, in vielen Ländern noch praktizierte Gleichsetzung von Homosexualität mit Sodomie angedeutet. Wie in seinen Filmen provoziert Praunheim nicht nur, sondern er verunsichert. Die Geschichte beschränkt sich, wie vieles in Praunheims Büchern und Filmen, auf das Wesentliche und stattet den Rezipienten nur mit den zum grundlegenden Verständnis notwendigen Fakten aus. Es fällt dem Zuschauer, oder in diesem Fall dem Leser, schwer, dazu eine Position zu beziehen. Er wird gezwungen, seinen eigenen Standpunkt zu überdenken.

Um dies zu erreichen, verfolgt Praunheim seine filmischen Aktionen nicht mit einer klassischen Anordnung von Fakten und Argumenten, sondern mit Gleichnissen. Filmische Mittel und Dramaturgien werden hier gleichermaßen »missbraucht«, um eine harte und ungeschönte Auseinandersetzung hervorzurufen.

5.2 AIDS

Mit Beginn der AIDS-Krise fokussiert sich Praunheim nach einer Vielzahl von Frauen- und New York-Porträts wieder auf die schwule Szene und leistet filmische Präventionsarbeit. Die HIV-Infektionsrate von 50% unter allen getesteten Schwulen führt die Dringlichkeit vor Augen, der sich Praunheim Mitte der 80er Jahre ausgesetzt sehen musste.[234] Mit der schwarzen Komödie EIN VIRUS KENNT KEINE MORAL greift er Gepflogenheiten in der Szene an und begegnet Vorurteilen über das HI-Virus. Er selbst spielt im Film den Saunabesitzer Kackinski, der an ungeschütztem Sex in seinem Etablissement Geld verdient und selbst an AIDS erkrankt. Der Film ist reihenweise mit scheinheiligen Figuren besiedelt und der gesellschaftliche Umgang mit dem Virus wird ins Groteske verzerrt. »Krebs ernährt mehr Menschen, als daran sterben. Warum soll es bei AIDS anders sein?«, fragt Frau Dr. Blut (Maria Hasenäcker), die im Film Vorträge hält und Forschungen zur Krankheit anstellt. Beim Wort »AIDS« gerät sie noch kurz ins Stocken, um dieses im Kontrast zu ihrer heiteren Vortragsweise möglichst betroffen auszusprechen, ja beinahe wie einen unverdaulichen Brocken hinauszuwürgen. Das Thema AIDS und die damit verbundene Sexualität sind Dr. Blut zuwider, sie nutzt die Krankheit als Karrieresprungbrett. Als wirkungsvollste Präventionsmaßnahme empfiehlt sie: »Unser bester Schutz ist die natürliche Scham.« Saunabesitzer Kackinski endet bei einer Therapeutin, die ihn mit seiner Mutter zusammenführt und das Virus in einer

234 Siehe Praunheim/ Dannecker 1987, 86.

Art Exorzismus austreiben will. Gerade als er und seine Mutter sich nach langer Trennung versöhnen, betritt die Therapeutin den Raum und lässt ihn, unter Zuhilfenahme zweier Actionfiguren, Phrasen zur Befreiung aufsagen: »AIDS-Tier weiche, weiche, denn die Mutter ist die Leiche.« Die freudianisch angehauchte Therapie zeigt keinen Erfolg. Auch Kackinskis Freund, der Kirchenmusikstudent Christian (Christian Kesten) infiziert sich mit HIV. Sein Motto »das Herz ist rein, der Schwanz bleibt klein« ist genauso erfolglos. »Du hast dein Schicksal in der Hand« singt ein Tuntenquintett aus Krankenschwestern zur Gospel-Melodie von »He's got the whole world in his hands« und verweist damit auf Selbstbefriedigung als potenzielles Gegenmittel zum Virus.

Praunheim führt in Ein Virus kennt keine Moral verschiedene Moralvorstellungen vor: In der Presse, der Medizin, der Kirche, der Politik und unter Schwulen. Die im Film karikierten Vorurteile sind stets menschenfeindlich. Die Therapieansätze sind realitätsfern, denn sie fordern eine Aufgabe von Sexualität und vieler freiheitlicher, menschlicher Grundrechte. Zudem schützen auch die vorgeführten Präventionsmaßnahmen nicht. Eine karrierebesessene Reporterin (Eva-Maria Kurz) des »Lila Blatt« wird von Kackinski aus Rache mit einer AIDS-Spritze angesteckt, Dr. Blut wird auf einer Forschungsreise nach Afrika von einem Affen gebissen und infiziert. Wie der Titel schon sagt, scheint die gesellschaftliche Moral nicht gegen das Virus zu helfen, das jeden treffen kann. Die Regierung versucht schließlich, alle AIDS-Kranken ins Exil nach Helgoland zu schicken. Die militante Armee der Ohnmächtigen und Kranken (AOK) greift ins Geschehen ein und fordert von einem ge-

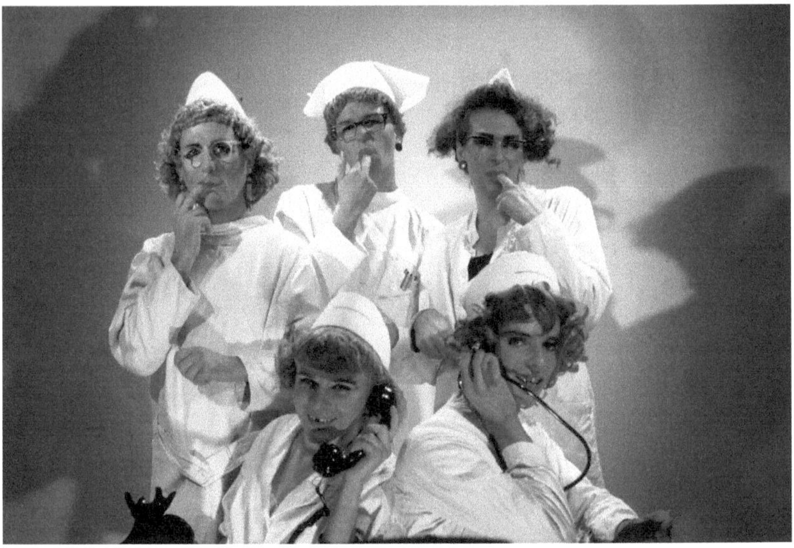

Abbildung 22: Ein Virus kennt keine Moral

kidnappten Minister (Günter Thews) mehr Gelder für Forschung und Behandlung. Mit Erfolg, das Geld wird auf Zusage des Ministers aus der Entwicklungshilfe für Afrika abgezogen. »Das müssen wir denn natürlich den Negern wegnehmen. Aber ich sag immer, der Neger im eigenen Land ist einem ja doch näher.« Wie man das Blatt auch wendet, aus AIDS ist für niemanden ein Gewinn zu ziehen, auch wenn jeder seinen Vorteil sucht und für sich selbst kämpft. Als »eine rationale Betrachtungsweise der AIDS-Krankheit«[235] bezeichnet ein Kritiker den Film und meint damit, dass dieser keine falsche Betroffenheit vorgaukle. Der Film sei ein schonungsloses Plädoyer für Safer Sex und berufe sich dabei auf keine scheinheiligen Moralvorstellungen. Gleichermaßen wird von Kritikern gelobt, dass Ein Virus kennt keine Moral keine falschen Hoff-

235 Schlicht 1986, 31.

nungen auf eine schnelle Therapie des Virus mache: »Among agitprop film makers, Mr. von Praunheim is very rare. He doesn't traffic in false hopes or positive images. He deals in doom."[236]

Praunheim beschäftigt sich mit AIDS, obwohl er selbst nicht mit HIV infiziert ist. »Wir haben eine Verantwortung zu übernehmen in Bezug auf diese Krankheit. Und dieser Verantwortung kann man sich nicht entziehen«[237], sagt er in einem Interview. Zudem sind zahllose Freunde und Kollegen, besonders viele Künstler und Kreative, in Praunheims Umfeld von AIDS direkt betroffen.[238] Gleichermaßen erinnern Praunheims AIDS-Filme an die stete Beschäftigung mit dem Tod, die sein Werk von TODESMAGAZIN über die AIDS-Filme bis hin zu Kannibalismus-Filmen durchziehen. »Im Grunde wünsche ich mir nichts sehnlicher als Unglück und Kriege. Ich finde es auch immer unheimlich toll, wenn jemand Krebs hat, weil da was passiert. Mich begeistert ungeheuer, wenn junge Leute sterben«[239], sagt er in einem Interview von 1981. »So ist dieses Interview das makabre Dokument einer Sehnsucht geworden, die sich erfüllt hat«[240], fügt Interviewer André Müller dem später hinzu. In seinem Buch *Sex und Karriere*, erstmals 1976 erschienen, fetischisiert Praunheim unsafe Sexualpraktiken: »Wir wechseln immer schneller die Positionen, aus meinem Arsch, in seinen Arsch. Wir schwitzen, und wenn wir uns in den Darm spritzen, klopft das Herz so laut und wir sinken erschöpft, einem Herzanfall nahe, in die Kissen.«[241] Praunheims

236 Canby 1987, 10.
237 Praunheim/ Dannecker 1987, 82.
238 Viele Mitwirkende an Praunheims Filmen sind inzwischen an AIDS gestorben.
239 Müller 1989, 15.
240 Müller 1989, 11.
241 Praunheim 1991, 9f.

ehemaliger Mitstreiter Martin Dannecker kritisiert Praunheims Hinwendung zur Präventionsarbeit als scheinheilig. »In der von dir propagierten Safer-Sex-Kampagne wird das, was die Menschen vorher sexuell gemacht haben, verleugnet und abgewertet«[242], wirft er ihm in einem Gespräch vor. Durch sein veröffentlichtes Sexualleben biete Praunheim Kritikern eine breite Angriffsfläche und lasse zudem Zweifel an seiner Aufrichtigkeit aufkommen. Moral, oder auch reine Vernunft, scheinen zu ihm eben nicht zu passen. »Vielleicht geht mit der Unmöglichkeit, safe zu ficken, die Wiederentdeckung von Romantik, von Zärtlichkeit, von Gesprächen und von Solidarität einher«[243], sagt Praunheim im selben Gespräch. Diese Forderung nach einer neuen Zärtlichkeit ist schwer ernst zu nehmen, wenn man Praunheims in *Sex und Karriere*, *50 Jahre pervers* und *Rosas Rache* geschilderte sexuelle Kontakte liest. Kalt, mechanisch und auf das Wesentliche reduziert sind diese Beschreibungen von anonymen Treffen in Parks und Toiletten. Hieraus lässt sich vielleicht auch der Wunsch nach Vertrauen und Romantik herauslesen, er scheint von der Realität jedoch weit entfernt. Auch in NICHT DER HOMOSEXUELLE IST PERVERS wird eine Solidarität und Ehrlichkeit gefordert, zu deren möglicher Umsetzung nur phrasenweise Andeutungen gegeben werden.

Der Medienwissenschaftler James W. Chesebro belegt anhand von Statistiken die sinkende gesellschaftliche Akzeptanz von Homosexuellen nach dem Bekanntwerden von AIDS Anfang der 80er Jahre.[244] Da die

242 Praunheim/ Dannecker 1987, 87.
243 Praunheim/ Dannecker 1987, 100.
244 Siehe Chesebro 1994, 79.

Krankheit zuerst unter Schwulen auftrat, wurde diese zunächst als reine Schwulenkrankheit betrachtet und auch in den Medien so dargestellt.[245] Damit verbunden beobachtet Chesebro auch eine Änderung schwuler Öffentlichkeitsarbeit: »AIDS has altered the rhetoric of gay liberation in ways that could not have been predicted in 1980 [...].«[246] Praunheim nutzt diese Änderungen, um den Ruf nach mehr Solidarität wieder lauter werden zu lassen. Allerdings bleibt bei ihm die Forderung nach frei ausgelebter Sexualität erhalten, nur sollte diese »safe« sein.[247] Für dieses Ausleben gibt es bei Praunheim persönlich nach wie vor keine quantitativen Begrenzungen. Die Schilderungen im 1993 erschienenen *50 Jahre pervers* münden in einer Liste mit Sexualpartnern eines Jahres, säuberlich nach Datum geordnet.[248]

Mit der AIDS-Trilogie kämpft Praunheim gegen die gesellschaftliche Verdrängung der Krankheit, besonders in Deutschland. Auch an AIDS erkrankte Personen des öffentlichen Lebens versuchen ihre Krankheit und letztlich ihre Todesursache zu verbergen. Darunter befindet sich deutsche Prominenz wie Tatort-Kommissar Klaus Schwarzkopf oder Tennis-Star Michael Westphal, aber auch international gefeierte Persönlichkeiten wie Michel Foucault täuschen bis zuletzt über den Grund ih-

245 Siehe Netzhammer/ Shamp 1994, 93f.

246 Chesebro 1994, 83.

247 Hierbei stellt sich natürlich die Frage, was »safe« ist, zumal besonders zu Beginn der AIDS-Krise nicht feststand, über welche Wege HIV übertragen werden kann. Auch die von Praunheim im Film beschriebenen und gezeigten Safer-Sex-Orgien beinhalten schließlich, je nach Ausübungsart, das Risiko einer Infektion, ganz ungeachtet des Infektionsrisikos für andere Geschlechtskrankheiten.

248 Siehe Praunheim 1995, 282f.

res Sterbens hinweg.[249] Die Verdrängung der AIDS-Tode hängt auch mit der engen Verbindung von HIV mit Sexualität zusammen. Die alternativ genannten Todesursachen verbergen jedoch – nicht zuletzt auch statistisch – die Gefahren des HI-Virus. Praunheim bricht diese Heimlichkeit mit der AIDS-Trilogie auf, die den Umgang mit der Krankheit in Deutschland und den USA dokumentiert. In POSITIV (1990) begleitet Praunheim AIDS-Aktivisten in New York, in SCHWEIGEN = TOD (1990) werden an AIDS erkrankte New Yorker Künstler porträtiert und FEUER UNTERM ARSCH (1990) analysiert die Situation in Deutschland. »Ich finde es großartig, weil jetzt viel mehr Leute ans Heiraten denken«, sagt eine Teilnehmerin einer Parade in POSITIV ins Mikrofon. Praunheim lässt Meinungen wie diese unkommentiert stehen, er sammelt Ansichten, aus denen sich der Zuschauer wieder selbst ein Bild machen kann. Er illustriert das Thema auch in den Dokumentationen oft mit provokanten Bildern. SCHWEIGEN = TOD beginnt mit einem aufgezeichneten Video, in dem sich ein Mann an die Zuschauer wendet, von seiner Krankheit berichtet und sich schließlich eine Pistole anal einführt und abdrückt. Blutströme schießen aus seinem After – ein Ausschnitt aus einer Theaterinszenierung, wie Praunheim anschließend im Voiceover erklärt. Schockierende Bilder wie dieses werden in der Trilogie immer auch von Humor begleitet. FEUER UNTERM ARSCH eröffnet analog dazu mit dem erkrankten Kabarettisten Günter Thews, der vier Jahre vorher noch in EIN VIRUS KENNT KEINE MORAL gespielt hat. Er setzt sich auf einen roten Sessel

249 Siehe o. A. 1991, 284. Schwarzkopf starb offiziell an einer Lungenentzündung, Westphal an Herpes-Viren und Foucault an einer Blutvergiftung.

und schlägt verschiedene Versionen vor, um seine Krankheit vorzustellen:

> Soll ich's ein bisschen heiter und beschwingt machen, also ›Gott sei Dank, dass ich diese Krankheit habe, ohne die Krankheit würde ich mich völlig allein fühlen?‹ Oder soll ich auf ganz depressiv machen, und ich liege im Bett und sterbe und leide und mir fallen schon die Knochen vor der Kamera ab oder soll ich's auf öko-mäßig machen?

Thews selbst karikiert geheuchelte Betroffenheit und begegnet seiner Erkrankung mit Galgenhumor. Als Praunheim im Voiceover von Safer-Sex Parties als sichere Alternative berichtet, zeigt er von diesen auch Bilder, »die wir aber für den Film in meiner Wohnung mit begeisterten Freiwilligen nachstellten«, wie er im Voiceover erläutert. Der süffisante Kommentar lockert den Film auf und macht die traurige Beschäftigung mit dem Thema erträglich. Die Funktion von Praunheims Filmen als Lebenshilfe wird hier abermals deutlich, weil diese durch das Zeigen vieler vergleichbarer Schicksale Mut zum Weiterleben machen, Mut, gegen die Krankheit zu kämpfen. Ähnlich wie ein Outing von Schwulen, fordert Praunheim AIDS-Kranke zum Outing auf, um gemeinsam mehr zu erreichen.

> Allein in Berlin leben zehntausende anonym mit der Krankheit. Was für eine Kraft wäre das! Was für ein Potential, wenn sie alle für ihre eigenen Rechte eintreten würden. Wenn sie sich solidarisieren, einander stützen und sich Mut machen würden[250],

250 Praunheim 1990, 244.

schreibt er im *Spiegel*. So wie er auf Solidarität unter Schwulen hofft, so hofft er auf Solidarität unter HIV-Positiven. Die AIDS-Filme dokumentieren die menschliche Verdrängung des Problems, die Hilflosigkeit der Betroffenen und Aktivisten sowie die erfolglosen Versuche oder die Ignoranz, mit denen die Gesellschaft der Krankheit begegnet. Begleitet werden Praunheims AIDS-Filme von zahlreichen Artikeln über AIDS, hauptsächlich im *Spiegel*[251]. Auch Praunheims Kritiker kommen in den Filmen zu Wort und werfen ihm vor, zu moralisieren. Dennoch zeigen die Filme keine moralischen Vorschriften auf, sondern geben Gefühle und Ängste wieder, unter denen Praunheim und seine Co-Autoren leiden.

In PFUI ROSA! dokumentiert Praunheim die Reaktionen der deutschen Öffentlichkeit auf die Filme. In der Talkshow ZEIL UM ZEHN kritisiert Moderatorin Beate Wedekind Praunheims AIDS-Film POSITIV: »Ich habe von der Trilogie einen Film gesehen, POSITIV. Mich erreichen Sie mit dem Film nicht. Ich finde ihn ekelhaft, muss ich Ihnen sagen, und er scheint mir nur für Schwule gemacht.« Nach einer genaueren Nachfrage Praunheims begründet sie: »Ich mag keinen schwulen Sex sehen. Weil es mir einfach zuwider ist.« Praunheim erwidert: »Warum ist dir schwuler Sex zuwider? Vielleicht ist mir Heterosex zuwider, mit dem werde ich penetriert von morgens bis abends auf allen Kanälen.«[252] Praunheim nimmt der Moderatorin die Gesprächsführung aus der Hand und lenkt sie in die von ihm gewünschte Verteidigungsposition. Journalistin Wedekind wird zum Prototyp der Journalistinnen in Praunheims Filmen. Kevin J.

251 Siehe Praunheim 1984, Praunheim 1988 und Praunheim 1990.
252 In HR ZEIL UM ZEHN, Ausschnitt enthalten in PFUI ROSA!.

Harty beobachtet, dass Praunheim alle Frauen in EIN VIRUS KENNT KEINE MORAL als »hysterische Monster« porträtiere, so wie er eine Aufteilung der Figuren in den AIDS-Filmen in Helden und Gegner bemerkt.[253] Die Feindbilder in der AIDS-Trilogie bleiben jedoch stets allgemein und sind staatliche Autoritätspersonen oder Organisationen. Die eigentlichen Protagonisten der Filme sind viel mehr Helden im Kampf mit ihrer Krankheit. Im von Karikaturen bevölkerten EIN VIRUS KENNT KEINE MORAL scheint es jedoch solche Helden nicht zu geben. Hier ist niemand »gut« oder »böse«, sondern ein jeder nur auf seinen eigenen Vorteil bedacht. Ähnlich wie NICHT DER HOMOSEXUELLE IST PERVERS überzeichnet der Film eine gesellschaftliche Situation.

5.3 Outing

Große Medienaufmerksamkeit erlangt Rosa von Praunheim in den 90er Jahren mit dem Outing prominenter Schwuler ohne deren Einwilligung. Sein Auftreten in den Sendungen EXPLOSIV – DER HEISSE STUHL bei RTL und PRO UND CONTRA bei der ARD wird in den Medien gerügt:

> ›Outing‹ als Thema der Woche hat zu ungewöhnlichem Meinungseinklang geführt: Da gehen Homosexuelle mit Machos d'accord, Linke mit Rechten, die ›Bild‹-Zeitung mit der ›taz‹ und Alice Schwarzer mit Schimanski. Wie selten zuvor ist sich die sogenannte öffentliche Meinung darin einig, daß es jedem Menschen er-

253 Siehe Harty 1992, 124.

> laubt sein müsse, selbst darüber zu bestimmen, ob und wann er seine Sexualität öffentlich macht [...].[254]

Praunheim selbst sagt in späteren Interviews, dass er diese Aktion nicht wiederholen würde, sie allerdings zu jener Zeit für notwendig erachtete.[255] Im Angesicht von AIDS suchte er nach positiven schwulen Vorbildern für die Gesellschaft und outete Personen des öffentlichen Lebens mit hohem Beliebtheitsgrad, wie Entertainer Alfred Biolek oder Comedian Hape Kerkeling. Der Karriere der Geouteten schadete diese Aktion nicht und Praunheim erreichte, dass Homosexualität und AIDS wieder verstärkt in den Medien diskutiert wurden. Vor allem jedoch wurde auch Praunheim einer jüngeren Generation von Zuschauern bekannt. Mit dem Outing erreichte er zwar eine hohe Publicity für sich selbst, ging jedoch das Risiko von Sendeverboten und gesellschaftlicher Ächtung ein.

> Homosexualität ist Privatsache, wird argumentiert. Nein! Schwul- oder Lesbischsein ist so lange keine Privatsache, wie wir dafür zusammengeschlagen werden und aus unseren Jobs und Wohnungen fliegen, solange junge Schwule immer noch mit Selbstmordgedanken aufwachsen und ihr Leben lang neurotisch werden[256],

erläutert Praunheim. Effektiv setzt er durch das Outing Forderungen um, die bereits in NICHT DER HOMOSEXUELLE IST PERVERS und den anderen Schwulenfilmen enthalten sind. Er verlangt ein öffentliches Bekenntnis und zwingt andere dazu, sich für ihre Sache einzusetzen. Gleichermaßen wirft er mit dem Outing die gesellschaftlichen Moralvorstellungen

254 *Stern* 52, 1991, zitiert in Pundt 2002, 320.
255 Siehe Haschnik/ Meinert 2009, 317.
256 Praunheim 1995, 11.

auf sich selbst zurück. Einerseits fordern Confrontainment-Shows wie EXPLOSIV – DER HEISSE STUHL Skandale, andererseits werden sie zur Empörung der Medien genutzt. »Die Medien lieben den Verrat, aber sie bestrafen den Verräter«[257], sinniert Praunheim später darüber. Praunheims Eigennutz beschränkt sich deshalb auf die Erreichung seiner politischen Ziele. Tatsächlich hat sich in Folge des Outings ein positiveres Bild von Schwulen und Lesben in den Medien und der Gesellschaft entwickelt, wie es ohne Praunheims Aktion schwer vorstellbar gewesen wäre. Im Buch *Armee der Liebenden* schreibt Praunheim 1978 über eine Begegnung mit dem schwulen Berater des Bürgermeisters von Los Angeles und fragt sich, warum in Deutschland schwule Politiker unvorstellbar seien.[258] Die gesellschaftliche Entwicklung hat Praunheims fortschrittliches Denken inzwischen eingeholt.

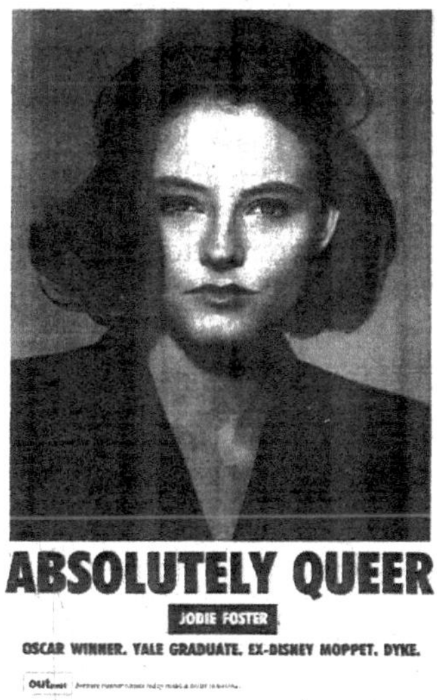

Abbildung 23: Outing-Plakat aus den USA mit Jodie Foster.

Mit dem Outing greift er auch auf eine Taktik aus den USA zurück. Hier wurde auf ähnliche Weise schwule und lesbische Prominenz geoutet. Das positive Image von Stars wie Jodie Foster oder John Travolta sollte für die Basis einer Schwulen- und Lesbenbewegung ge-

257 Rosa von Praunheim in Haschnik/ Meinert 2009, 318f.
258 Siehe Praunheim 1979a, 15.

nutzt werden.[259] Dass sich Praunheim mit dem Outing auf dünnem Eis bewegte, zeigt die Ungenauigkeit seiner Diagnosen. Fälschlicherweise outete er Harald Schmidt, in *50 Jahre pervers* bezeichnet er auch Marlon Brando und Erich Honecker als schwul.[260] Dennoch bleibt sein Handeln konsequent, wenn er Verlogenheit anprangert, sie aufdeckt und seinen Filmen auch Taten folgen lässt. Sein filmisches Werk erscheint im Hinblick auf seine Aktionen nochmals deutlicher als Anregung zum Nachdenken über gesellschaftliche Verhältnisse und gleichermaßen als Handlungsaufforderung, diese Verhältnisse zu ändern.

---

259 Siehe Kraushaar 1990, 104f.
260 Siehe Praunheim 1995, 246.

6. Nachwort

»Ich denke, dass meine Filme auch die Qualität von Müll haben: klein und dreckig. [...] Es gibt ja nur wenige Kunstwerke die überleben. Und ob das nun meine sind, das ist mir – ehrlich gesagt – scheißegal.«[261]

Rosa von Praunheim in PFUI ROSA!

Rosa von Praunheim hat früh einen Platz in der deutschen Kino- und Fernsehlandschaft gefunden. Mit seinen Publikumserfolgen DIE BETTWURST und NICHT DER HOMOSEXUELLE IST PERVERS gelang es ihm, sich im öffentlich-rechtlichen Fernsehen zu etablieren. Stilistisch und inhaltlich vom amerikanischen Underground geprägt, kommt er auf direktem Weg in das Nachtprogramm des deutschen Fernsehens. Allerdings bleibt er dort auch. Der Bekanntheitsgrad seiner Filme ragt nie über DIE BETTWURST hinaus. Dem Mainstream-Publikum bleibt sein Werk – bis auf die beiden genannten Beispiele – unbekannt. Durch öffentliche Auftritte erlangt Praunheim als Person eine gewisse Prominenz, doch seine Filme werden nur von einer kunst- und filmbesessenen Randgruppe rezipiert. Gleichfalls verfolgt Praunheim häufig neue und andersartige Filmideen. Er bleibt mit diesen jedoch bei seinen Ursprüngen und macht nach wie vor die von ihm propagierten, unangepassten Filme. Diese sind freilich streitbar und polarisieren. Die meisten Zuschauer oder Kritiker stimmen ihnen entweder vollends zu oder lehnen sie gänzlich ab. Praunheims Filme sind persönliche Werke, sein gesamtes Œuvre zeichnet ein Bild der Privatperson und des Künstlers Rosa von Praunheim. Film dient

261 Praunheim in PFUI ROSA!.

Praunheim als Mittel zur Selbstreflexion und zur sexuellen Identitätsfindung. Was er von sich selbst fordert, fordert er auch von seinem Publikum. Mit NICHT DER HOMOSEXUELLE IST PERVERS und der AIDS-Trilogie verlangt er öffentliche Bekenntnisse, so wie er dies auch in Diskussionen und Auftritten im Fernsehen tut. Diese Handlungsweise ist zwar einerseits egozentrisch, denn er nimmt seinen Weg als einzig richtigen wahr und versucht ihn anderen aufzuoktruieren, andererseits aber auch folgerichtig. Er fühlt sich in einer Gesellschaft mit Unterdrückung und Geheimhaltung nicht wohl, weswegen er zunächst sich selbst und schließlich die Gesellschaft ändern muss. Seine Offenheit dient ihm in diesem Prozess als Waffe, durch die Veröffentlichung seines Privatlebens wird er unangreifbar und behält gleichzeitig die Kontrolle darüber, was genau er veröffentlicht und wie er sich selbst inszeniert.

Immer wieder lehnt er den staatlichen Kulturbetrieb ab und bezeichnet andere Filmemacher seiner Generation, besonders Fassbinder, als spießig. Seine Ablehnung eines wissenschaftlichen Diskurses erwies sich bereits vom Anfang dieser Arbeit an als schwierig. »Ich hasse Cinéasten und Leute, die akademisch übers Kino schreiben«[262], wird er gleich nach der Titelseite zitiert. Praunheim selbst hat nur für kurze Zeit an der Werkkunstschule Offenbach und an der Hochschule für Bildende Künste in Berlin studiert und sein Studium abgebrochen. Trotz seiner vornehmlichen Ablehnung alles Wissenschaftlichen nimmt er dennoch Lehraufträge an und arbeitet im akademischen Sektor. In seinen Seminaren verfolgt Professor Rosa von Praunheim die gleiche Tak-

262 Praunheim 1981a, 13.

tik wie in seinen Filmen: strategische Verwirrung. Am San Francisco Art Institute verunsichert er seine Schüler, indem er sich von diesen beim Geschlechtsakt mit einem Pornodarsteller filmen lässt. An der HFF Potsdam-Babelsberg stellt er mit seinen Studenten ähnliche, bizarre Experimente an. In SECHS TOTE STUDENTEN (2007) verarbeitet Praunheim diese Erfahrungen künstlerisch und stellt das Leben an der Hochschule in einem Spielfilm vor; er selbst wird als die lesbische Professorin Agathe Wildbrandt (Ellen Reichhardt) dargestellt.

Gleichermaßen zeigen sich in Praunheims Filmen Einflüsse von Intellektuellen, zahlreiche philosophische Ansätze sowie Ideologien, an deren Entlarvung ihm besonders gelegen ist. Mit seinem provokanten Werk hat Praunheim die deutsche Kulturlandschaft entscheidend geprägt, wobei in der öffentlichen Wahrnehmung die Filme oft in den Hintergrund rücken. Für die filmwissenschaftliche Analyse ist Praunheims Œuvre nur scheinbar von geringem Interesse. Mit der »unfilmischen« Machart hat Praunheim eine eigenwillige Ästhetik des Billigen und Trashigen entwickelt. Als besonders interessant erwies sich die Naivität, mit der Praunheim seine Filme gestaltet. Das Farbarrangement aus Buntem und Kitsch korreliert mit dem Inhalt der Filme, den Ängsten und Lebenslügen, aber auch dem Optimismus seiner Protagonisten. Ferner erweist sich der bewusste Verzicht auf Stilmittel als ein Stil. So wie er Evelyn Künnecke als Antistar porträtiert, so erreicht Praunheim einen Status als Anti-Filmemacher. Durch seine Originalität und die Nutzung von Trashelementen für Farcen und Grotesken wird er filmisch unangreifbar. Es hat sich erwiesen, dass er offen filmische Formen miteinander kombiniert. Er unterscheidet nicht zwischen Kunst und Leben, genauso wenig wie zwischen Spiel- und Dokumentarfilm. Er spekuliert mit der dramaturgischen Wirkung von Filmen wie DIE BETTWURST oder NICHT DER HOMOSEXUELLE IST PERVERS. Seine Filme sind Travestien von Standardsituationen, von Hollywooddramaturgien und des alltäglichen Lebens.

Mit den Jahren ist Praunheim allerdings vorsichtiger geworden. Wie viele Revolutionäre ist er im Alter diplomatischer und weniger skandalträchtig; das Outing im Fernsehen war sein letzter Skandal. Fernsehauftritte mit politisch brisanten Aussagen kommen nicht mehr vor, stattdessen sieht man ihn beim Vox-»Promi-Dinner«[263] (DAS PERFEKTE PROMI-DINNER (2005-heute)) Desserts in Form von Exkrementen servieren. Praunheim sucht nach wie vor eine breite Öffentlichkeit. Filme wollte er nach eigenen Angaben bis zum 70. Lebensjahr machen – und ist mit seinen aktuellen, zahlreichen Kurzdokumentationen auch darüber schon hinaus.

Dem wissenschaftlichen Diskurs stehen seine Filme inhaltlich allerdings sehr nah. So wie Queer und Gender-Studies die Rollen von Schwulen, Transsexuellen und Frauen wissenschaftlich betrachten, so betrachtet Praunheim diese auf künstlerische Weise. Seine Filme sind Camp über Camp, indem sie ihre Protagonisten beschreiben. Praunheim nimmt dabei die Rolle eines Beobachters, eines Voyeurs ein, der aber auch gleichermaßen ins Geschehen eingreift und an der Filmhandlung

263 Folge vom 14.01.08, Vox 20:15.

teilhat. Sein Status als reiner Beobachter ist eine Illusion, denn er ist selbst im Filmgeschehen präsent und gestaltet dieses durch harte Schnitte.

Rosa von Praunheim identifiziert sich mit seinen Protagonisten, hat er mit ihnen doch zahlreiche Gemeinsamkeiten. Wie die Schwulen in seinen Filmen macht er einen Entwicklungs- und Selbstfindungsprozess durch und wie die von ihm porträtierten Frauen zeigt er sich im Alter besonders vital. Er hat von seinen Figuren gelernt. »Die spießigen Ungeschicklichkeiten der Hauptdarsteller, über die wir lachen, sind harmlos im Vergleich zu unserem eigenen moralischen Anspruch«[264], sagt er über Luzi und Dietmar aus Die Bettwurst. So wie er andere prägt, lässt er sich selbst von ihnen prägen.

In seinen Provokationen setzt Praunheim stets neue Grenzen mit immer neuen Perversionen. Mit der Vorstellung von Perversionen in einer zudem unkonventionellen filmischen Machart provoziert und verunsichert Praunheim. Damit erreicht er sein Ziel: eine Diskussion der von ihm gewünschten Themen und eine Verbesserung der gesellschaftlichen Verhältnisse, unter denen er persönlich leidet. Beispiele hierfür sind die Gesprächsrunden im Anschluss an Vorführungen von Nicht der Homosexuelle ist pervers sowie Praunheims Talkshowauftritte. Weitere Beispiele sind Ein Virus kennt keine Moral und die AIDS-Trilogie, zu deren Produktion er durch das Sterben von Freunden an AIDS bewegt wird. Auch seine programmatischen Filme sind stets persönliche Werke.

264 Praunheim in Schmid 1973, 45.

Dass Praunheim seine alternden Filme mit Müll vergleicht, unterstreicht, wie viel wichtiger ihm die Inhalte dieser für ihre jeweilige Zeit sind. Beim heutigen Zuschauer erzielen Praunheims Filme der 70er und 80er Jahre ästhetisch die gleiche Wirkung wie bei ihrer Premiere. Allerdings ist das Filmmaterial teils schon verfallen oder verschollen, sein Werk wird nicht konserviert wie das seiner Kollegen des Neuen Deutschen Films. Dessen Bewahrung ist jedoch nicht nur als Sammlung von Zeitdokumenten wichtig. Praunheims Filme sind immer noch von steter Aktualität. Die Diskriminierung von Minderheiten, besonders von Schwulen und Transvestiten, aber auch die von älteren Menschen und Frauen, sind allgemeine und zeitlose Themen. Auch AIDS ist immer noch von gleicher, dringlicher Aktualität. Eine spezielle, hochaktuelle Problematik ist die Kommerzialisierung von Minderheiten, wie sie Praunheim am Beispiel der schwulen Szene in NICHT DER HOMOSEXUELLE IST PERVERS und ARMEE DER LIEBENDEN beklagt. Das Verhalten von Minderheiten und auch von größeren, in der Gesellschaft benachteiligten Gruppen, wird einer Mainstream-Kultur angepasst. So gibt es heute schwulen Pauschaltourismus, Senioren treffen sich auf Dating-Portalen im Web 2.0 und die moderne Frau strebt die gleiche Karriere wie auch Männer an. Die Negierung von Besonderheiten und der Drang, sich einem allgemeinem Zeitgeist anzupassen sind Bestrebungen der heutigen Massengesellschaft. Das Streben nach Gleichheit führt dabei zur Verleugnung eigener Spezifika, Lebensziele und -inhalte. In MÄNNER HELDEN, SCHWULE NAZIS greift einer der Protagonisten am Beispiel des

Neonazis Michael Kühnen ein Sinnbild moderner Selbstverleugnung auf.

> Wenn er [Kühnen] also schreibt, ein schwuler Neonazi wäre eigentlich der bessere, weil er dann auch als Soldat besser wäre, weil er dann im Schützengraben keine Familie hat, an die er dauernd denken muss, sondern eben seinen Kameraden neben sich hat, dann ist das kein Beitrag zur Emanzipation, sondern dann ist das ein Beitrag mit der Botschaft: ›Schwule sind besseres Kanonenfutter.‹[265]

Homosexualität, Powerfrauen und teilweise auch Senioren sind heute im Mainstream angekommen. Auf allen Kanälen kommen Serien wie QUEER AS FOLK (2000-2005), SEX AND THE CITY (1998-2004) oder ALT UND DURCHGEKNALLT (2003) und verwerten Bedürfnisse verschiedenster Zielgruppen in mainstreamtauglicher Produktionsweise zur besten Sendezeit. Jede Talkshow präsentiert heute größere Perversionen, als Praunheim dies je getan hat. Reality-TV wie BIG BROTHER (2000-heute) und das »Dschungelcamp« (ICH BIN EIN STAR, HOLT MICH HIER RAUS! (2004-heute)) dringen mehr in Privatsphäre und Intimbereich ihrer Protagonisten ein, als sich Praunheim dies erlaubt hätte. So wie Praunheim für seine Filme ungewöhnliche Menschen gesucht und echte Charaktere gefunden hat, so scheitert das heutige Fernsehen auf der Suche nach Sensationen mit seinem Blick auf die Quote und an seiner Durchschnittlichkeit. Praunheims Unabhängigkeit bleibt eine seiner größten Stärken.

Freilich führten auch Praunheims Skandale und Provokationen zur heutigen Situation. Fast täglich wird irgendwo die Abstumpfung der

265 Filmzitat, Jörg Fischer in MÄNNER, HELDEN, SCHWULE NAZIS.

Medienlandschaft und der Gesellschaft beklagt. Wie jede gesellschaftliche Revolution hat auch die Befreiung der Sexualität ihre Schattenseiten. Die von Praunheim erhoffte sexuelle Befreiung ist viele Schritte weiter gekommen, im Gegenzug aber auch ihre Kommerzialisierung. Die Veröffentlichung von Privatem geht auch mit dessen Entzauberung einher. Gleichermaßen führt die sexuelle Toleranz zum Stillstand der gesellschaftlichen Entwicklung. In der provokanten Anita Bryant sah Praunheim einen Glücksfall für die erstarrte Schwulenbewegung im Amerika der 70er Jahre. Nur durch ein Feindbild können sich Menschen gezwungen sehen, ihre Situation zu verbessern.

Auch die Situation der deutschen Filmlandschaft ist immer noch in der Diskussion. Seit Rosa von Praunheims Filmen und seit dem Neuen Deutschen Film hat sie sich nicht immer verbessert. »[Das Fernsehen hinterlässt] Kollateralschäden: Indem es den deutschen Film nach seinem Bilde formt, indem es ihn auf Sendetauglichkeit trimmt, deformiert es ihn zugleich«[266], schreibt Peter Körte 2008 im Feuilleton der *Frankfurter Allgemeinen Sonntagszeitung*. Tatsächlich sollte es heute durch die fortgeschrittene Videotechnik leichter sein, unabhängige und experimentelle Filme zu produzieren und über das Internet zu publizieren. Körte beklagt die Abhängigkeit der Filmförderung vom öffentlich-rechtlichen Fernsehen, das seinen Bildungsauftrag vergesse und oft versuche, Erfolgsrezepte zu kopieren.

> Wo Kriterien wie Konsensfähigkeit und der kleinste gemeinsame Nenner herrschen, wo Risikoscheu sich zwanglos zu Denkfaulheit gesellt und formale Innovation als verwirrend oder schwierig de-

266 Körte 2008.

> nunziert wird, da sind weder in der Kunst noch im Entertainment jemals große Dinge entstanden.[267]

Unter den von Körte beschriebenen Bedingungen wäre Rosa von Praunheim wohl kein Filmemacher geworden – Schroeter und Fassbinder mit ihren eigenwilligen Filmstilen sicher auch nicht. Der deutschen Filmlandschaft wären so großartige Werke vorenthalten geblieben. Auch wenn man Praunheims Filme wie Müll betrachten mag, so haben sie in der deutschen Filmszene und auch in der Gesellschaft bleibende Spuren hinterlassen. Heute wäre es wieder Zeit für filmische Aktivisten wie Praunheim, die mit unangepassten Filmen provozieren und beeindrucken. Der Film braucht Originale.

267 Körte 2008.

Anhang

Manifest von Rosa von Praunheim aus UNDERGROUND AND EMIGRANTS (1976)

Ich bin nach New York gefahren aus Wut auf den sterilen deutschen Kulturbetrieb, der akademisch, steif und unvital ist. Beamtetes Theater ohne Risiko. Die Schauspieler ohne Persönlichkeit und Identität, mit einer falschen Ausbildung und voller Angst, privat zu sein. Marionetten verklemmter Theoretiker.

Freie Gruppen gibt es kaum. Das totsubventionierte Kultursystem und der mittelständisch behäbige Status der Deutschen verhindern es und es ist kein Ende abzusehen. Wir fühlen uns wohl, wir nehmen es hin und rechtfertigen diese beschissene Situation, denn die, die auf dem subventionierten Thron sitzen, haben kein Interesse, es zu ändern. Sie sind unfähig, arrogant und spießig, ohne Fantasie, unerotisch und unendlich feige.

In New York sind die Theater finanziell schlechter dran. Viele Schauspieler müssen auf den Strich gehen oder mit Drogen handeln, aber sie lieben ihren Beruf, sie können ohne kreativ zu sein nicht leben. Unter dem Druck der großen kommerziellen Broadwaytheater mit ihren meist dämlichen Musicals, den Schwierigkeiten der Künstlergewerkschaft, die nur Theaterproduktionen mit unendlich viel Geld möglich macht, ist Anfang der 60er Jahre eine Gegenbewegung entstanden, das off-off-Broadway-Theatre. Ein armes Theater, in Kellern, Fabriken, Kneipen und auf der Straße. Ein verrücktes, poetisches, expressives, sinnliches Theater voller Glamour, Vitalität und Spaß. Inzwischen gibt es bis zu 150 von diesen Theatern in New York City. Die meisten Theaterleute sind schwul, Schwule, die durch ihre Unterdrückung mehr als andere Sensibilität und Fantasie entwickelt haben, die der Kunst in allen Sparten zu Gute kommt und Schwule, die Glitzer, Transvestiten und alte Showstars lieben.

Literaturverzeichnis

Bücher

Babuscio, Jack: *The Cinema of Camp*. In: Cleto, Fabio (Hrsg.): *Camp. Queer Aesthetics and the Performing Subject*. Ann Arbor, MI, USA 1999, 116-135.

Batchelor, David: *Chromophobia*. London, UK 2002.

Benjamin, Walter: *Das Kunstwerk im Zeitalter seiner technischen Reproduzierbarkeit*. Frankfurt am Main 2007 [orig. 1944, deutsche Ausgabe von 1969].

Chesebro, James W.: *Reflections on Gay and Lesbian Rhetoric*. In: Ringer, Jeffrey (Hrsg.): *Queer Words, Queer Images. Communication and Construction of Homosexuality*. New York, NY, USA 1994, 77-88.

Dyer, Richard: *Now you see it. Studies on lesbian and gay film*. London, UK 1990.

Eagleton, Terry: *Ästhetik. Die Geschichte ihrer Ideologie*. Stuttgart 1994.

Everett, Wendy: *Colour as Space and Time. Alternative Visions in European Film*. In: Everett, Wendy (Hrsg.): *Questions of Colour in Cinema. From Paintbrush to Pixel*. Bern, CH 2007, 105-126.

Fehring, Bruno: *Sexualität und Homosexualität. Die gesellschaftliche Wirklichkeit*. Norderstedt 2002.

Fischer, Lothar: *Anita Berber 1918 – 1928 in Berlin*. Berlin 1988.

Flinn, Caryl: *The New German Cinema. Music, History, and the Matter of Style*. Berkeley, CA, USA 2004.

Gregor, Ulrich: *Geschichte des Films ab 1960*. München 1978.

Halle, Randall: *From Perverse to Queer. Rosa von Praunheim's Films in the Liberation Movements of the Federal Republic*. In: Clarke, David (Hrsg.): *German Cinema. Since Unification*. London, UK 2006, 207-232.

Harty, Kevin J.: *All the Elements of a Good Movie. Cinematic Responses to the AIDS Pandemic*. In: Emmanuel, Nelson S. (Hrsg.): *AIDS. The Literary Response*. New York, NY, USA 1992, 114-130.

Haschnik, Gregor/ Meinert, Julika: *Der Skrupellose Moralist* [Interview mit Rosa von Praunheim]. In: Bergmann, Jens/ Pörksen, Bernhard (Hrsg.): *Skandal! Die Macht öffentlicher Empörung*. Köln 2009, 316-325.

Hays, Matthew: *The View from Here. Conversations with Gay and Lesbian Filmmakers*. Vancouver, CDN 2007.

Koebner, Thomas: *Verwandlungen. Schriften zum Film*. Remscheid 2006.

Kreimeier, Klaus: *Das große hermaphroditische Tableau-Theater*. In: Jansen, Peter W./ Schütte, Wolfram (Hrsg.): *Rosa von Praunheim*. München 1984, 7-46.

Kulbrodt, Dietrich: *Kommentierte Filmografie*. In: Jansen, Peter W./ Schütte, Wolfram (Hrsg.): *Rosa von Praunheim*. München 1984, 79-250.

Kuzniar, Alice A.: *The Queer German Cinema*. Stanford, CA, USA 2000.

Lenz, Ilse: *Die neue Frauenbewegung in Deutschland. Abschied vom kleinen Unterschied. Eine Quellensammlung*. Wiesbaden 2008.

Maerker, Christa/ Roth, Wilhelm: *Interview mit Rosa von Praunheim*. In: Jansen, Peter W./ Schütte, Wolfram (Hrsg.): *Rosa von Praunheim*. München 1984, 47-78.

Marschall, Susanne: *Farbe im Kino*. Marburg 2005.

Moltke, Johannes von: *Camping in the Art Closet. The Politics of Camp and Nation in German Film*. In: Cleto, Fabio (Hrsg.): *Camp. Queer Aesthetics and the Performing Subject*. Ann Arbor, MI, USA 1999, 408-432.

Müller, André: *Im Gespräch* [Interview mit Rosa von Praunheim von 1981]. Reinbek 1989, 11-25.

Netzhammer, Emile C./ Shamp, Scott A.: *Guilt by Association. Homosexuality and AIDS on Prime-Time Television*. In: Ringer, Jeffrey (Hrsg.): *Queer Words, Queer Images. Communication and Construction of Homosexuality*. New York, NY, USA 1994, 91-106.

Pausch, Holger A.: *Queer Theory. History, Status, Trends and Problems*. In: Lorey, Christoph/ Plews, John L. (Hrsg.): *Queering the Canon. Defying Sights in German Literature and Culture*. Columbia, SC, USA 1998, 1-19.

Praunheim, Rosa von: *50 Jahre pervers. Die sentimentalen Memoiren des Rosa von Praunheim*. Köln 1995 [orig. 1993].

Praunheim, Rosa von: *Armee der Liebenden oder Aufstand der Perversen*. München 1979a.

Praunheim, Rosa von: *Die Bettwurst und meine Tante Lucy*. Berlin 2006.

Praunheim, Rosa von: *Gibt es Sex nach dem Tode?* Köln 1981b.

Praunheim, Rosa von: *Männer, Rauschgift und der Tod. Die Leidenschaften der Rosa von Praunheim*. Berlin 1967.

Praunheim, Rosa von: *Nach dem Schwulenfilm*. In: Prinzler, Hans Helmut/ Rentschler, Eric (Hrsg.): *Der alte Film war tot. 100 Texte zum westdeutschen Film 1962-1987*. Frankfurt am Main 2001, 177-179.

Praunheim, Rosa von: *Nicht der Homosexuelle ist pervers, sondern die Situation, in der er lebt*. Berlin 2008.

Praunheim, Rosa von: *Rosas Rache. Filme und Tagebücher seit 1960*. Berlin 2009.

Praunheim, Rosa von: *Sex und Karriere*. Frankfurt am Main 1991 [orig. 1976].

Praunheim, Rosa von/ Dannecker, Martin: *Das ist rein kriminell. Ein Streitgespräch, moderiert von Ingrid Klein*. In: Sigusch, Volkmar (Hrsg.): *AIDS als Risiko. Über den gesellschaftlichen Umgang mit einer Krankheit*. Hamburg 1987, 82-102.

Praunheim, Rosa von/ Oh Muvie [Mikesch, Elfie]: *Oh Muvie presents Rosa von Praunheim, Carla Aulaulu in Oh Muvie*. Frankfurt am Main 1969.

Pundt, Christian: *Konflikte um die Selbstbeschreibung der Gesellschaft. Der Diskurs über Privatheit im Fernsehen*. In: Weiß, Ralph/ Groebel, Jo (Hrsg.): *Privatheit im öffentlichen Raum. Medienhandeln zwischen Individualisierung und Entgrenzung*. Opladen 2002, 247-414.

Pundt, Christian: *Medien und Diskurs. Zur Skandalisierung von Privatheit in der Geschichte des Fernsehens*. Bielefeld 2008.

Rörig, Horst: *Zuschauerbezogene Wertung*. In: Bolik, Sibylle/ Schanze, Helmut (Hrsg.): *Medienwertung*. München 2001, 135-211.

Roth, Wilhelm: *Der Dokumentarfilm seit 1960*. München 1982.

Russo, Vito: *The Celluloid Closet*. New York, NY, USA 1981.

Schmid, Eva M. J. (Hrsg. u. a.): *Rosa von Praunheim. Filme 1967-1972*. Bochum 1973.

Sontag, Susan: *Notes on ›Camp‹*. In: Cleto, Fabio (Hrsg.): *Camp. Queer Aesthetics and the Performing Subject*. Ann Arbor, MI, USA 1999 [orig. 1964], 53-65.

Waugh, Thomas: *The Fruit Machine. Twenty Years of Writings on Queer Cinema*. Durham, NC, USA 2000.

Weinberger, Gabriele: *Rosa von Praunheim's Celebration of the Victim as Survivor. Jews and Gays in Anita, Dances of Vice*. In: Lorenz, Dagmar C. G./ Weinberger, Gabriele (Hrsg.): *Insinders and Outsiders. Jewish and Gentile Culture in Germany and Austria*. Detroit, MI, USA 1994, 280-290.

Zeitschriften

Dohter, Daniel: *Das kleine und das große Glück. Stichworte zu den Filmen Rosa von Praunheims*. In: Film-Korrespondenz 6; 01.06.1973, 13-16.

E. N.: *Wie Form frei macht*. In: Fernsehen + Film, 03.03.1971, 32.

Ebert, Jürgen: *Nicht der Homosexuelle ist pervers, sondern die Situation, in der er lebt* [Filmkritik]. In: Filmkritik 9; 09.1971, 471-473.

Kade, Sylvia: *Unsere Leichen lieben noch. Über die alternden Frauenidole in Rosa von Praunheims Arbeiten*. In: Feministische Studien 1; 05.1983, 125-134.

Karasek, Hellmuth: *Rosas Zeiten für alte Damen*. In: Der Spiegel 5; 01.02.1982, 155-157.

Kraushaar, Elmar: *Unwürdiges Spiel mit der Lüge*. In: Der Spiegel 39; 24.09.1990, 104-106.

Limmer, Wolfgang: *Rosas Nonnen mussten raus*. In: Zeitmagazin 8; 15.02.1974, 16-18.

o. A.: *Die Welt soll es wissen*. In: Der Spiegel 49; 02.12.1991, 282-295.

o. A.: *Seelisch verkümmert*. In: Der Spiegel 6; 01.02.1971, 137.

o. A.: *Wind in Tuntenwohnungen*. In: Der Spiegel 18; 30.04.1979, 246-248.

Praunheim, Rosa von: *Bumsen unterm Safer-Sex-Plakat*. In: Der Spiegel 20; 14.05.1990, 244-249.

Praunheim, Rosa von: *Die Erika aus Würzburg. Ein Porträt der Schauspielerin Magdalena Montezuma*. In: Tip 23; 16.11.1981c, 20.

Praunheim, Rosa von: *Die Freunde ringsum sterben*. In: Der Spiegel 7; 15.02.1988, 182-185.

Praunheim, Rosa von: *Die meisten Filmemacher sind Spießer*. In: Filmfaust 25; 1981a, 13.

Praunheim, Rosa von: *Es ist ein ganz intimer Prozeß. Filmemacher Rosa von Praunheim über kreative Video-Projekte*. In: Tip 26; 19.12.1980, 30-31.

Praunheim, Rosa von: *Gibt es Sex nach dem Tode? Thesen zum Thema AIDS.* In: Der Spiegel 48; 26.11.1984.

Praunheim, Rosa von: *Mich fasziniert der Tod.* In: Tip 21; 12.10.1979b, 32-35.

Rohrbach, Günter: *Ohne Maske und Tarnkappe*. In: Der Spiegel 5; 24.01.1972, 100.

Rölz, Josef: *Homosexualität im deutschen Fernsehen. Zu drei Sendungen im ersten, zweiten und dritten Programm.* In: epd Kirche und Fernsehen 8; 26.02.1972, 5-7.

Schirmeyer, Guido: *Transis und Transusen*. In: Torso 2; 02.1982, 11-15.

Schlicht, Burghard: *Ein Virus kennt keine Moral* [Filmkritik]. In: epd Film 3; 03.1986, 31.

Schmid, Eva M. J.: *Rosa von Praunheim und der »Vierte Stand«*. In: epd Kirche und Film 9; 09.1972, 1-7.

Supp, Barbara: *Schöne Männer, schwüle Nächte*. In: Der Spiegel 49; 03.12.1990, 246-248.

Thie, J. M.: *Die Stadt der verlorenen Seelen* [Filmkritik]. In: Film Beobachter 5; 03.1983, 4.

Wright, Les: *From Outsider to Insider. Queer Politics in German Film, 1970-94*. In: European Journal of Cultural Studies 1; 01.1998, 97-121.

Zeitungen

Buchka, Peter: *Minderheiten sind nicht mythisch. »Armee der Liebenden« - ein Kampffilm von Rosa von Praunheim.* In: Süddeutsche Zeitung, 21.-22.04.1979, 16.

Canby, Vincent: *›Virus‹. A Caustic AIDS Satire.* In: The New York Times, 19.06.1987, 10.

Dörrie, Doris: *Starke Frau. »Tally Brown, New York« - ein neuer Dokumentarfilm von Praunheim.* In: Süddeutsche Zeitung, 03.07.1979, 27.

Koch, Gertrud: *Die Basis des Trivialen. Das Kommunale Kino Frankfurt zeigt Filme Rosa von Praunheims.* In: Frankfurter Rundschau, 07.12.1976, 7.

Schödel, Helmut: *Der fröhliche Widerstand.* In: Die Zeit, 15.01.1982, 40.

Schödel, Helmut: *Ich bin ein Antistar. Die Ästhetik der schwulen Subkultur: Es gilt nur eines - daß nichts gilt.* In: Die Zeit, 17.08.1979, 29-30.

Stein, Elliott: *Citizen Queer.* In: The Village Voice, 09.04.1996, 66.

Thome, Rudolf: *Tally Brown in New York.* In: Der Tagesspiegel, 04.05.1979, 4.

Witte, Karsten: *Ein blutiger Witz. Rosa von Praunheims Aids-Film in Berlin.* In: Die Zeit, 24.01.1986, 46.

Internetquellen

Alle hier genannten Quellen wurden im November 2014 auf Aktualität und Verfügbarkeit geprüft. Datumsangaben beziehen sich auf den Zeitpunkt, zu dem der Artikel verfasst wurde (sofern bekannt).

Gessler, Philipp: *Liebe, Schwanz und Film.* www.taz.de/1/leben/film/artikel/1/liebe-schwanz-und-film/. 2007.

Körte, Peter: *Große Leinwand, kleines Format.* www.faz.net [im FAZ-Archiv als Download]. 2008 [orig. in Frankfurter Allgemeine Sonntagszeitung, 26.10.2008].

Kuhlbrodt, Dietrich: *Es gibt nicht nur gute Schwule.* www.filmzentrale.com/essays/praunheiminterview2005dk.htm. 05.05.09.2005.

Löser, Claus: *Der Einstein des Sex* [Filmkritik]. Cinomat Online-Archiv, www.cinomat.kim-info.de. 2000 [orig. in film-dienst 06.2000].

Praunheim, Rosa von: *Schwuler Rosa.* http://www.rosavonpraunheim.de/specials/schwuler_rosa.html. 2012.

Volk, Stefan: *Meine Mütter - Spurensuche in Riga* [Filmkritik]. Cinomat Online-Archiv, www.cinomat.kim-info.de. 2008 [orig. in film-dienst 06.2008].

Zusätzlich wurden folgende allgemeine Internetquellen verwendet:

Homepage von Rosa von Praunheim: www.rosavonpraunheim.de

Internet Movie Database (IMDb): www.imdb.com

filmportal.de: www.filmportal.de

Filmografie

Verwendete Abkürzungen:
R – Regie, B – Buch, P – Produktion, K – Kamera, S – Schnitt,
D – Darsteller
Es sind nur die für diese Arbeit verwendeten Filme verzeichnet.

Filme unter Regie von Rosa von Praunheim

Von Rosa von Praunheim | D, 1968, 12 min.
B, P: Rosa von Praunheim | K: Dieter Krammig | S: Fee Gürsching | D: Carla Aulaulu, Familie Klostermann, Rosa von Praunheim

Grotesk – Burlesk – Pittoresk | D, 1968, 40-60 min.
R, B, P, K: Werner Schroeter, Rosa von Praunheim | S: Werner Schroeter | D: Magdalena Montezuma, Rosa von Praunheim

Rosa Arbeiter auf goldener Strasse – 1. Teil | D, 1968, 12 min.
B, P, K, S: Rosa von Praunheim | D: Carla Aulaulu, Rainer Kranich

Rosa Arbeiter auf goldener Strasse – 2. Teil | D, 1969, 11 min.
B, P, K: Rosa von Praunheim | S: Gisela Bienert | D: Carla Aulaulu, Klaus Tino

Schwestern der Revolution | D, 1969, 20 min.
B, P, K, S: Rosa von Praunheim | Regieassistenz: Werner Schroeter | D: Carla Aulaulu, Luzi Kryn, Steven Adamczewski, Dietmar Kracht, Werner Schroeter, u. v. a.

Macbeth Oper von Rosa von Praunheim | D, 1970, 45 min.
B: Rosa von Praunheim, William Shakespeare (Theaterstück) | P: Josef

Arweiler (WDR) | K, S: Rosa von Praunheim | D: Magdalena Montezuma (Lady Macbeth), Berryt Bohlen (Duncan, König von Schottland), Volker Eschke (Macbeth), Steven Adamczewski (Macduff), Rainer Kranich (Ross)

Homosexuelle in New York | USA, 1971, 12 min.

B, P, K, S: Rosa von Praunheim | Die Filmkopie ist nicht mehr existent, Ausschnitte wurden in Armee der Liebenden verwendet.

Nicht der Homosexuelle ist pervers, sondern die Situation, in der er lebt | D, 1971, 67 min.

B: Martin Dannecker, Rosa von Praunheim, Sigurd Wurl | P: Werner Kließ | K: Robert van Ackeren, Rosa von Praunheim | S: Jean-Claude Piroué | D: Bernd Feuerhelm (Daniel), Berryt Bohlen (Clemens), Ernst Kuchling (Der Reiche), Dietmar Kracht, Steven Adamczewski, Manfred Salzgeber (alle nicht im Abspann), u. v. a.

Bettwurst, Die | D, 1971, 12 min.

B: Rosa von Praunheim | P: Rosa von Praunheim, ZDF | K: Rosa von Praunheim | S: Gisela Bienert, Bernd Upnmoor, Rosa von Praunheim | D: Luzi Kryn, Dietmar Kracht, Steven Adamczewski (der Entführer), u. v. a.

Leidenschaften | D, UK, USA, IND, u. v. a., 1972, 73 min.

B, P: Rosa von Praunheim | K: Elfi Mikesch, Rosa von Praunheim | S: Rosa von Praunheim | D: Fritz Mikesch, Tony Carol (Mr. World), Taylor Mead, Tally Brown, Diana, Yotuta Nagarakawa, Mino Kuruta, u. v. a.

Was die Rechte nicht sieht, kommt erst recht aus dem Ohr heraus | D, 1972, 17 min.
B: Rosa von Praunheim | K: Robert van Ackeren | S: Rosa von Praunheim | D: Steven Adamczewski (Revolutionär), Carla Aulaulu, Dietmar Kracht, Rainer Kranich (Revolutionär), Luzi Kryn, Magdalena Montezuma, Alix Buchen (nicht im Abspann)

Axel von Auersperg | D, 1974, 28 min., 40 min. (Fernsehfassungen), 80 min. (Originalfassung)
B: Rosa von Praunheim, Auguste Villiers de l'Isle Adam (Roman) | P: Rosa von Praunheim, Regina Ziegler | K: Bernd Upnmoor | S: Rosa von Praunheim | D: Gundula von Woyna (Prinzessin Sara de Mauper), Vincent Kluwe (Graf Axel von Auersperg), Evelyn Künnecke (Archidiakon), Peggy von Schnottgenberg (Äbtissin), Milli Büttner (Schwester Aloisia), Michael Otto (Meister Janus), u. v. a.

Rosa von Praunheim zeigt | D, 1975, 26 min.
B, P: Rosa von Praunheim | K: Albert Schöplin | S: Rosa von Praunheim | D: Dietmar Kracht, Evelyn Künnecke, Mr. Frankfurt, Peter Schneider

Berliner Bettwurst | D, 1975, 90 min. (Kinofassung), 70 min. (Fernsehfassung)
B: Rosa von Praunheim | P: Regina Ziegler | K: Bernd Upnmoor, Rosa von Praunheim, Aribert Weis | S: Frau Kramski | D: Luzi Kryn, Dietmar Kracht, Berryt Bohlen, Wolfgang Macke, Lou van Burg

Ich bin ein Antistar. Das skandalöse Leben der Evelyn Künnecke | D, 1976, 81 min.
B: Rosa von Praunheim | P: Rosa von Praunheim, Joachim von

Mengershausen (Redaktion WDR) | K: Edvard Lieber | S: Gigi Hummel | D: Evelyn Künnecke, Rosa von Praunheim (Sprechrolle), u. v. a.

Underground and Emigrants | D, USA, 1976, 89 min.
B, P, K, S: Rosa von Praunheim | D: Fernando Arrabal, Lee Breuer, William S. Burroughs, Divine, Tally Brown, Tom Eyen, Greta Keller, Charles Ludlam, Grete Mosheim, Danny Partridge, Lil Picard, Rosa von Praunheim, Andy Warhol, Holly Woodlawn, u. v. a.

Frühling für Frankfurt | D, 1977, 13 min.
B: Rosa von Praunheim | P: Dietmar Schings (Redaktion HR) | K, S: Bert Schmidt, Rosa von Praunheim | D: Inka Köhler, u. v. a. | Der Film ist eine Vorstudie zu Der 24. Stock.

24. Stock, Der | D, 1977, 173 min. (2 Teile)
B: Bert Schmidt, Dorothee von Meding, Rosa von Praunheim | P: Rosa von Praunheim, Dietmar Schings (Redaktion 1. Teil, HR), Joachim von Mengershausen (Redaktion 2. Teil, WDR) | K: Bert Schmidt, Rosa von Praunheim | S: Bert Schmidt, Rosa von Praunheim | D: Maria Christiana Leven, Gertrud Mischwitzky, Rosa von Praunheim (Sprechrolle), u. v. a.

Portrait George and Mike Kuchar | USA, 1977, 20 min.
B, P, K, S: Rosa von Praunheim | Mitarbeit: Werner Schroeter | D: George Kuchar, Mike Kuchar, Rosa von Praunheim

Tally Brown, New York | D, USA, 1979, 97 min.
B: Rosa von Praunheim | P: Rosa von Praunheim, Joachim von Mengershausen (Redaktion WDR) | K: Edvard Lieber, Michael Oblowitz, Rosa von Praunheim, Juliana Wang, Lloyd Williams | S: Mike Shephard, Rosa von Praunheim | D: Tally Brown, Divine, Holly Woodlawn, Taylor

Mead, Andy Warhol, Magdalena Montezuma (Sprecherin), Rosa von Praunheim (Sprecher), u. v. a.

Armee der Liebenden oder Revolte der Perversen | USA, 1979, 52 min. (Fernsehfassung), 107 min. (Originalfassung)
B: Rosa von Praunheim | P: Rosa von Praunheim, Michael Gramberg (Redaktion WDR) | K: Michael Oblowitz, Werner Schroeter, Bob Schub, Ben Van Meter, Rosa von Praunheim, Juliana Wang, Lloyd Williams | S: Rosa von Praunheim | D: Arthur Bell, John Briggs, Anita Bryant, Gordon Guy, Harry Hay, Grace Jones, Rose Jordan, Sarah Montgomery, John Rechy, Tom Reeves, John Silva, Rainbow Silverfire, Bruce Voeller, u. v. a.

Todesmagazin oder: Wie werde ich ein Blumentopf? | D, USA, 1979, 76 min.
B: Rosa von Praunheim | P: Maya Faber-Jansen (ZDF), Rosa von Praunheim | K: Michael Oblowitz, Bernhard Stampfer, Rosa von Praunheim, Boy Inigenz | S: Mike Shephard, Rosa von Praunheim | D: Al Goldstein, Helen Adam, James Chance, Jean-Pierre LaHary, Anja Philipps, Peggy von Schnottgenberg, Rosa von Praunheim, u. v. a.

Unsere Leichen leben noch | D, 1981, 90 min.
B: Rosa von Praunheim, Lotti Huber, Inka Köhler, Luzi Kryn, Maria Christiana Leven, Madlen Lorei | P: Renée Gundelach, Dietmar Schings (HR), Rosa von Praunheim | K: Stephan Köster | S: Rosa von Praunheim | D: Rosa von Praunheim, Lotti Huber, Inka Köhler, Luzi Kryn, Maria Christiana Leven, Madlen Lorei, Helen Adam, Pat Adam

Rote Liebe | D, 1982, 86 min.
B: Rosa von Praunheim, Alexandra Kollontai (Roman) | P: Rosa von

Praunheim, Renée Gundelach | K: Mike Kuchar, Rosa von Praunheim | S: Rosa von Praunheim | D: Sascha Hammer (Wassilissa), Mark Eins (Wolodja), Helga Goetze, Olga Demetriescu (Alexandra Kollontai), u. v. a.

Stadt der verlorenen Seelen | D, 1983, 91 min.

B: Rosa von Praunheim | P: Renée Gundelach, Dietmar Schings (HR), Rosa von Praunheim | K: Stephan Köster | S: Rosa von Praunheim | D: Angie Stardust, Jayne County, Judith Flex, Gary Miller, Joaquin La Habana, Tara O'Hara, Tron von Hollywood, Lorraine Muthke, u. v. a.

Horror Vacui | D, 1984, 85 min.

B: Rosa von Praunheim, Marianne Enzensberger, Cecil Brown | P: Rosa von Praunheim, Renée Gundelach, Joachim von Mengershausen (Redaktion WDR) | K: Elfi Mikesch | S: Mike Shephard, Rosa von Praunheim | D: Lotti Huber (Madame C.), Friedrich Steinhauer (Friedrich), Folkert Milster (Frank), Thomas Vogt (Hannes), Ingrid van Bergen (Journalistin), Günter Thews, Joaquin La Habana

Virus kennt keine Moral, Ein | D, 1986, 84 min.

B: Rosa von Praunheim | P: Renée Gundelach, Rosa von Praunheim | K: Elfi Mikesch | S: Mike Shephard | D: Rosa von Praunheim (Saunabesitzer Kackinski), Christian Kesten (Student der Kirchenmusik), Maria Hasenäcker (Frau Prof. Dr. Blut), Eva-Maria Kurz (Reporterin Carola Schrecksch), Dieter Dicken (Angestellter in der Sauna), Ina Blum (im Abspann als Regina Rudnick, Therapeutin Tomalik-Samenkorn), Thilo von Trotha (Revolutionär Karl Kolle) u. v. a.

Dolly, Lotte und Maria | USA, 1987, 60 min. (USA), 75 min. (D)
B: Rosa von Praunheim | P: Rosa von Praunheim, Dagmar Voss (NDR) | K: Jeff Preiss | D: Dolly Haas, Lotte Goslar, Maria Ley Piscator

Anita – Tänze des Lasters | D, 1987, 89 min.
B: Rosa von Praunheim, Hannelene Limpach, Marianne Enzensberger, Lotti Huber | P: Rosa von Praunheim, Renée Gundelach, Christoph Holch (Redaktion ZDF) | K: Elfi Mikesch | S: Mike Shephard, Rosa von Praunheim | D: Lotti Huber (Frau Kutowski/ Anita Berber), Ina Blum (Krankenschwester/ Anita Berber), Mikael Honesseau (Doktor/ Sebastian Droste), u. v. a.

Überleben in New York | D, USA, 1989, 90 min.
B: Rosa von Praunheim, Claudia Steinberg | P: Rosa von Praunheim, Klaus Henning (Redaktion WDR) | K: Jeff Preiss | S: Mike Shephard, Rosa von Praunheim | D: Ulrike Buschbacher, Anna Steegmann, Claudia Steinberg, Rosa von Praunheim, u. v. a.

Affengeil – Eine Reise durch Lottis Leben | D, 1990, 85 min.
B: Rosa von Praunheim | P: Rosa von Praunheim, Renée Gundelach, Joachim von Mengershausen (Redaktion), Christa Vogel (Redaktion) | K: Mike Kuchar, Klaus Janschewsky | S: Mike Shephard | D: Lotti Huber, Rosa von Praunheim, Helga Sloop, u. v. a.

Positiv | D, USA, 1990, 90 min.
B: Rosa von Praunheim | P: Michael Lupetin, Rosa von Praunheim | K: Mike Kuchar, Evan Estern | S: Mike Shephard, Patrick Hamm, Rosa von Praunheim | D: Phil Zwickler, Larry Kramer, Michael Callen, u. v. a.

Schweigen = Tod | D, USA, 1990, 60 min.
B: Rosa von Praunheim | P: Michael Lupetin, Rosa von Praunheim | K: Mike Kuchar, Evan Estern | S: Patrick Hamm, Rosa von Praunheim | D: David Wojnarowicz, Rafael Gamba, Paul Smith, Peter Kunz, u. v. a.

Feuer unterm Arsch | D, 1990, 50 min.
B: Rosa von Praunheim | P: Michael Lupetin, Rosa von Praunheim | K: Elfi Mikesch | S: Patrick Hamm, Rosa von Praunheim | D: Phil Zwickler, Bev Stroganov, Rosa von Praunheim, u. v. a.

Stolz und schwul | D, 1991, 45 min.
B: Rosa von Praunheim | P: Werner Filmer (WDR), Rosa von Praunheim | K: Klaus Janschewsky | S: Mike Shephard | D: Harry Toste (Straps-Harry), Kurt von Ruffin, Andreas Meyer-Hanno, u. v. a.

Mann namens Pis, Ein | D, 1991, 45 min.
B, P: Rosa von Praunheim | K: Klaus Janschewsky | S: Mike Shephard | D: Prof. Peter Jung, Marco Bahr, Nils Düwell, Michael Meister, René Reinhard, Jeff Burrell, Thomas Gohlke, Eva Kurz, Astrid Arnold, Gerhard Miersch, Rosa von Praunheim

Ich bin meine eigene Frau | D, 1992, 90 min.
B: Rosa von Praunheim, Valentin Passoni | P: Renée Gundelach, René Perraudin, Rosa von Praunheim | K: Lorenz Haarmann | S: Mike Shephard | D: Charlotte von Mahlsdorf, Jens Taschner, Ichgola Androgyn, Robert Dietl, Beate Jung, Sylvia Seelow, Evelyn Cron, Utz Krause, Ovo Maltine, Tima die Göttliche, u. v. a.

Neurosia – 50 Jahre pervers | D, 1995, 89 min.
B: Valentin Passoni | P: Renée Gundelach, Rosa von Praunheim |

K: Lorenz Haarmann | S: Mike Shephard | D: Desirée Nick (Gesine Ganzmann-Seipel), Eva Ebner, Volker Eschke, Ichgola Androgyn, Carsten Hädler, Rosa von Praunheim, Gertrud Mischwitzky, Tima die Göttliche, u. v. a.

Vor Transsexuellen wird gewarnt | D, USA, 1996, 78 min.

B: Rosa von Praunheim

Schwuler Mut – 100 Jahre Schwulenbewegung | D, USA, 1998, 90 min.

B: Rosa von Praunheim | D: Ovo Maltine, Tima die Göttliche, u. v. a.

Can I be your Bratwurst, please? | USA 1999, 29 min.

B: Lawrence Elbert, Lorenz Haarmann, Rosa von Praunheim | P: Regina Ziegler, Michael Esser, Tanja Meding | K: Lorenz Haarmann | S: Lorenz Haarmann, Rosa von Praunheim | D: Jeff Stryker, Luzi Kryn, Karl-Heinz Teuber, u. v. a.

Einstein des Sex, Der | D, NL, 1999, 89 min.

B: Chris Kraus, Valentin Passoni, Rosa von Praunheim, Friedel von Wangenheim | P: Elke Peters, Dietmar Schings, Erik Schut, Peter van Vogelpoel, Rosa von Praunheim | K: Elfi Mikesch | S: Mike Shephard | D: Friedel von Wangenheim (Dr. Magnus Hirschfeld), Kai Schuhmann (junger Dr. Magnus Hirschfeld), Ben Becker (Adolf Brand), Olaf Drauschke (Karl Giese), Otto Sander (Prof. Steinach), Gerd Lukas Storzer (Baron von Teschenberg), Monika Hansen (Gräfin), Tima die Göttliche (Dorchen), u. v. a.

Wunderbares Wrodow | D, 2000, 79 min.

K: István Imre, Alexandra Kordes, Andreas Timm, Rosa von Praunheim |

S: Mike Shephard, Rosa von Praunheim | D: Sylvester Antony, Frank Bauer, Brigitte Gross, u. v. a.

Für mich gab's nur noch Fassbinder | D, 2000, 90 min.

B: Rosa von Praunheim | P: Olaf Grunert, Gerold Hofmann, Holger Prebe | K: Elfi Mikesch | S: Mike Shephard | D: Irm Herrmann, Hanna Schygulla, Jeanne Moreau, Barbara Valentin, Harry Bär, Michael Ballhaus, Peer Raben, u. v. a.

Tunten lügen nicht | D, 2002, 90 min.

B: Rosa von Praunheim | P: Daniel Buresch, Martin Kruppe, Rosa von Praunheim | K: Lorenz Haarmann | S: Mike Shephard | Bev Stroganov, Ichgola Androgyn, Ovo Maltine, Tima die Göttliche, Rosa von Praunheim, u. v. a.

Pfui Rosa! | D, 2002, 86 min.

B: Rosa von Praunheim | K: Lorenz Haarmann, René Krummenacher | S: Mike Shephard, Rosa von Praunheim, Frank Brummundt | D: Rosa von Praunheim, René Krummenacher, Luzi Kryn, Elfi Mikesch, Werner Schroeter, Ichgola Androgyn, Ovo Maltine, Peter Hartwell, Mike Shephard, u. v. a.

Kühe vom Nebel geschwängert | D, 2002, 86 min.

B, P: Rosa von Praunheim | K: Alexandra Kordes, Lorenz Haarmann, René Krummenacher | S: Mike Shephard | D: Obdachlosentheater »Ratten 07«, Bewohner des Dorfes Wrodow, u. v. a.

Ratten 07 | D, 2003, 60 min.

B: Rosa von Praunheim | K: Lorenz Haarmann, René Krummenacher | S: Mike Shephard | D: Obdachlosentheater »Ratten 07«, u. v. a.

Wer ist Helene Schwarz? | D, 2005, 85 min.

B, P: Rosa von Praunheim | K: Lorenz Haarmann | S: Mike Shephard | D: Reinhard Hauff, Michael Ballhaus, Gerd Conradt, Thomas Giefer, Peter Lilienthal, Helke Sander, Harun Farocki, Claudia Karohs, Hans-Otto Krüger, Hans Helmut Prinzler, Wolfgang Becker, Helga Reidemeister, Manfred Stelzer, Lilly Grote, Thomas Schadt, Wilma Pradetto, Detlev Buck, Drago Hari, Volker Schlöndorff, Christian Petzold, Tom Tykwer, Chris Kraus

Männer, Helden, schwule Nazis | D, 2005, 90 min.

B: Rosa von Praunheim | P: Rosa von Praunheim, Barbara Denz (Redaktion NDR) | K: Lorenz Haarmann | S: Stefan Kobe | D: Ewald Althans, Jörg Fischer, Rainer Fromm, Rüdiger Lautmann, Rosa von Praunheim, u. v. a.

Dein Herz in meinem Hirn | D, 2005, 83 min.

B, P: Rosa von Praunheim | K: Lorenz Haarmann, Jens Pätzold | S: Julia von Heinz | D: Martin Molitor, Martin Ontrop

Germans taste the best | D, 2007, 23 min.

B, P: Rosa von Praunheim | D: Phoebe Legere

Mit Olga auf der Wolga | D, 2007, 58 min.

B, P: Rosa von Praunheim | K: Lorenz Haarmann, Jens Pätzold | S: Rosa von Praunheim | D: Renate Schirmer, Ellen Reichardt, Petra Pöggel, Peter Herz, u. v. a.

Sechs tote Studenten | D, 2007, 80 min.

B: Rosa von Praunheim | K: Elfi Mikesch | D: Christiane Ziel, Heiko Pinkowski, Marie Garg, Ellen Reichhardt, u. v. a.

Meine Mütter – Spurensuche in Riga | D, 2007, 87 min.
B: Rosa von Praunheim | P: Rosa von Praunheim, Esther Schapira (Redaktion HR), Jens Stubenrauch (Redaktion RBB) | K: Thomas Ladenburger, Elfi Mikesch, Markus Tiarks | S: Mike Shephard | D: Rosa von Praunheim, Gertrud Mischwitzky, Astrid Ruschlau, Ludwig Norz, Anita Kugler, Chris Kraus, Margers Vestermanis

Tote Schwule – Lebende Lesben | D, 2008, 85 min.
B, P: Rosa von Praunheim | K: Elfi Mikesch | S: Mike Shephard | D: Albrecht Becker, Joe Luga, Walter Schwarze, DJ Ipec, Manuela Kay, Maren Kroymann, Mahide Lein, Laura Radosh, Silke Radosh, Rosa von Praunheim

Rosas Höllenfahrt | D, 2009, 90 min.
B, P: Rosa von Praunheim | K: Elfi Mikesch, Thomas Ladenburger, Lorenz Haarmann, Wilfried Kaute, Natasha Dudinski, Kerstin Pommerenke | S: Mike Shephard | D: Eva-Maria Kurz, Hamze Bytyci, Judith Evers, Anne Gaedcke, Maurice Ittershagen, Thora Kleinert, Gianni Meurer, Michael Steger, Babett Arnold, Melek Diehl, Lars Feistkorn, Alexander Haugg, Anja Karmanski, Marcus Lachmann, Thilo Prothmann, Bernhard Thomany

Die Jungs vom Bahnhof Zoo | D, 2011, 84 min.

B, P: Rosa von Praunheim | K: Nicolai Zörn, Lorenz Haarmann, Jens Pätzold, Dennis Pauls, Thomas Ladenburger | S: Mike Shephard | D: diverse

Rosas Welt – 70 neue Filme von Rosa von Praunheim | D, 2012, 1223 min.
B, P: Rosa von Praunheim | K: Elfi Mikesch, Lorenz Haarmann, Dennis

Pauls, Nicolai Zörn | S: Mike Shephard, Frank Brummundt, Rosa von Praunheim | D: diverse

König des Comics | D, 2012, 80 min.

B, P: Rosa von Praunheim | K: Wilfried Kaute, Stephan Kümin, Michael Nopens, Dennis Pauls, Oliver Sechting | S: Mike Shephard, Rosa von Praunheim | D: Diverse

Praunheim Memoires | D, 2014, 90 min.

B, P: Rosa von Praunheim | K: Matthias Lawetzky, Dennis Pauls, Nina Werth | S: Mike Shephard | D: Diverse

Hitler und Jesus – Eine Liebesgeschichte | D, 2014, 84 min.

B, P: Rosa von Praunheim | K: Nicolai Zörn | S: Rosa von Praunheim, Frank Brummundt | D: Marcus Lachmann, Martin Ontrop, Yvonne Lachmann, Marina Elias, Christian Klandt, Johannes Freese, Giacomo Chiringhello, Jugendtheater Brandenburg unter der Leitung von Christiane Ziehl

Filme anderer Regisseure

8 Femmes (8 Frauen) | F, 2002, 111 min.

R: François Ozon | B: Marina de Van, François Ozon, Robert Thomas | P: Stéphane Célérier, Olivier Delbosc, Marc Missonnier | K: Jeanne Lapoirie | S: Laurence Bawedin | D: Danielle Darrieux (Mamy), Catherine Deneuve (Gaby), Isabelle Huppert (Augustine), Emmanuelle Béart (Louise), Fanny Ardant (Pierrette), Virginie Ledoyen (Suzon),

Ludivine Sagnier (Catherine), Firmine Richard (Madame Chanel), Dominique Lamure (Marcel)

Cabinet des Dr. caligari, Das | D, 1920, 71 min.

R: Robert Wiene | B: Hans Janowitz, Carl Mayer | P: Rudolf Meinert, Erich Pommer | K: Willy Hameister | D: Werner Krauß (Dr. Caligari), Conrad Veidt (Cesare), Friedrich Fehér (Francis), Lil Dagover (Jane), Hans Heinrich von Twardowski (Alan), Rudolf Lettinger (Medizinalrat Dr. Olsen), u. v. a.

Camp | USA 1965, 70 min.

R, B, P: Andy Warhol | D: Jodie Babs, Tally Brown, Tosh Carillo, Donyle, Baby Jane Holzer, Gerard Malanga, Mar-Mar, Mario Montez, Fu-Fu Smith, Jack Smith, Paul Swan

Le temps qui reste (Die Zeit, die bleibt) | F, 2005, 81 min.

R, B: François Ozon | P: Olivier Delbosc, Marc Missonnier | K: Jeanne Lapoirie | S: Monica Coleman | D: Melvil Poupaud (Romain), Jeanne Moreau (Laura), Valeria Bruni Tedeschi (Jany), u. v. a.

Maltese Falcon, The (Malteser Falke, Der) | USA, 1941, 101 min.

R: John Huston | B: John Huston, Dashiell Hammett (Roman) | P: Henry Blanke, Hal B. Wallis | K: Arthur Edeson | S: Thomas Richards | D: Humphrey Bogart (Sam Spade), Mary Astor (Brigid O'Shaughnessy), Gladys George (Iva Archer), Peter Lorre (Joel Cairo), u. v. a.

Oi! Warning | D, 1999, 90 min.

R, B, P: Benjamin Reding, Dominik Reding | K: Axel Henschel | S: Margot Neubert-Maric | D: Sascha Backhaus (Janosch), Simon Goerts

(Koma), Sandra Borgmann (Sandra), Jens Veith (Zottel / Feuerschlucker), Britta Dirks (Blanca), u. v. a.

Raspberry Reich, The | D, USA, 2004, 90 min.

R, B: Bruce La Bruce | P: Jürgen Brüning | K: James Carman, Kristian Petersen | S: Jörn Hartmann | D: Susanne Sachße (Gudrun), Daniel Bätscher (Holger), Gerrit (Helmut), Joeffrey (Horst), u. v. a.

Trouble in Paradise (Ärger im Paradies) | USA, 1932, 83 min.

R: Ernst Lubitsch | B: Aladar Laszlo (Theaterstück), Grover Jones, Samson Raphaelson | P: Ernst Lubitsch | K: Victor Milner | D: Miriam Hopkins (Lily), Kay Francis (Madame Mariette Colet), Herbert Marshall (Gaston Monescu), Charles Ruggles (Major), Edward Everett Horton (François Filiba), C. Aubrey Smith (Adolph J. Giron), Robert Greig (Jacques), u. v. a.

Une robe d'été (Ein Sommerkleid) | F, 1996, 15 min.

R, B: François Ozon | P: Olivier Delbosc | K: Yorick Le Saux | S: Jeanne Moutard | D: Sébastien Charles (Sébastien), Frédéric Mangenot (Luc), Lucia Sanchez (Lucia)

Fernsehserien und Fernsehshows

Alt und Durchgeknallt | D, 2003

Big Brother | D (u. a.), 2000 – heute

Das perfekte Promi-Dinner | D, 2005 – heute

Ein Platz für Tiere | D, 1957 – 1987

Explosiv – der heisse Stuhl | D, 1989 – 1994

Ich bin ein Star, holt mich hier raus! | D, 2004 – heute

Live aus der Alten Oper | D, 1987 – 1996

Pro und Contra | D, 1968 – 1997

Queer as Folk | USA, 2000 – 2005

Sex and the City | USA, 1998 – 2004

Wortwechsel | D, 1982 – heute

Zeil um Zehn | D, 1990 – 1993

Übersicht der Kameramänner und -frauen in von Praunheims Filmen

Filmtitel	Kamera
Von Rosa von Praunheim	Dieter Krammig
Rosa Arbeiter auf goldener Strasse - 1. Teil	Rosa von Praunheim
Rosa Arbeiter auf goldener Strasse - 2. Teil	Rosa von Praunheim
Schwestern der Revolution	Rosa von Praunheim
Macbeth	Rosa von Praunheim
Die Bettwurst	Rosa von Praunheim
Nicht der Homosexuelle ist pervers, sondern die Situation, in der er lebt	Robert van Ackeren, Rosa von Praunheim
Was die Rechte nicht sieht ..., kommt erst recht aus dem Ohr heraus	Robert van Ackeren
Leidenschaften	Elfi Mikesch Rosa von Praunheim
Berliner Bettwurst	Bernd Upnmoor Rosa von Praunheim Aribert Weis
Axel von Auersperg	Bernd Upnmoor
Rosa von Praunheim zeigt	Albert Schöplin
Monolog eines Stars	Rosa von Praunheim
Underground and Emigrants	Edvard Lieber Rosa von Praunheim Lloyd Williams
Ich bin ein Antistar. Das skandalöse Leben der Evelyn Künnecke	Edvard Lieber
Der 24. Stock	Bert Schmidt Rosa von Praunheim

Tally Brown, New York	Edvard Lieber Michael Oblowitz Rosa von Praunheim Juliana Wang Lloyd Williams
Armee der Liebenden	Michael Oblowitz Werner Schroeter Bob Schub Ben Van Meter Rosa von Praunheim Juliana Wang Lloyd Williams
Todesmagazin oder: Wie werde ich ein Blumentopf?	Michael Oblowitz Bernhard Stampfer Rosa von Praunheim Boy Inigenz
Rote Liebe	Mike Kuchar Rosa von Praunheim
Unsere Leichen leben noch	Stephan Köster
Stadt der verlorenen Seelen	Stephan Köster
Horror Vacui	Elfi Mikesch
Ein Virus kennt keine Moral	Elfi Mikesch
Anita – Tänze des Lasters	Elfi Mikesch
Dolly, Lotte und Maria	Jeff Preiss
Überleben in New York	Jeff Preiss
Positiv	Mike Kuchar Evan Estern
Schweigen = Tod	Mike Kuchar Evan Estern
Feuer unterm Arsch	Elfi Mikesch
Affengeil – Eine Reise durch Lottis Leben	Klaus Janschewsky Mike Kuchar

Ein Mann namens Pis	Klaus Janschewsky
Stolz und Schwul	Klaus Janschewsky
Ich bin meine eigene Frau	Lorenz Haarmann
Meine Oma hatte einen Nazipuff	Lorenz Haarmann
Neurosia	Lorenz Haarmann
Vor Transsexuellen wird gewarnt	unbekannt
Schwuler Mut	unbekannt
Wunderbares Wrodow	István Imre Alexandra Kordes Andreas Timm Rosa von Praunheim
Can I be your Bratwurst, please?	Lorenz Haarmann
Der Einstein des Sex	Elfi Mikesch
Für mich gab's nur noch Fassbinder	Elfi Mikesch
Tunten lügen nicht	Lorenz Haarmann
Kühe vom Nebel geschwängert	Lorenz Haarmann Alexandra Kordes René Krummenacher
Pfui Rosa!	Lorenz Haarmann René Krummenacher
Wer ist Helene Schwarz?	Lorenz Haarmann
Männer, Helden, schwule Nazis	Lorenz Haarmann
Dein Herz in meinem Hirn	Lorenz Haarmann Jens Pätzold
Mit Olga auf der Wolga	Lorenz Haarmann Jens Pätzold
Meine Mütter – Spurensuche in Riga	Thomas Ladenburger Elfi Mikesch Markus Tiarks

Sechs tote Studenten	Elfi Mikesch
Tote Schwule – Lebende Lesben	Elfi Mikesch
Der rosa Riese	Dennis Pauls Kerstin Pommerenke
Rosas Höllenfahrt	Elfi Mikesch Thomas Ladenburger Lorenz Haarmann Wilfried Kaute Natasha Dudinski Kerstin Pommerenke
New York Memories	Lorenz Haarmann Jeff Preiss
Die Jungs vom Bahnhof Zoo	Lorenz Haarmann Thomas Ladenburger Dennis Pauls Jens Pätzold Nicolai Zörn
König des Comics	Wilfried Kaute Stephan Kümin Michael Nopens Dennis Pauls Oliver Sechting
Rosas Welt – 70 neue Filme von Rosa von Praunheim	Lorenz Haarmann Elfi Mikesch Dennis Pauls Nicolai Zörn
Praunheim Memoires	Matthias Lawetzky Denniy Pauls Nina Werth
Auf der Suche nach Heilern – Ich bin ein Hypochonder	Matthias Lawetzky Dennis Pauls
Hitler und Jesus – Eine Liebesgeschichte	Nicolai Zörn

Weitere Veröffentlichungen des Verlags:

Andreas Köhnemann: *Liebe in alle Richtungen. Sexuell ambivalente Dreiecksbeziehungen im Film*

232 Seiten, zahlr. Abb.
E-Book: 14,99 Euro, Print: 17,90 Euro

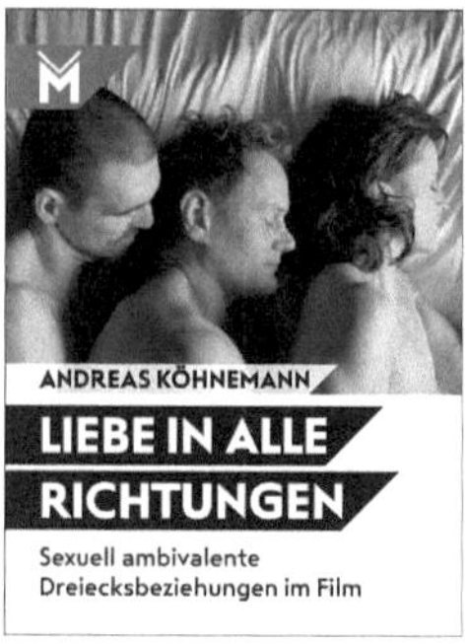

Seit jeher ist *boy meets girl* die Prämisse der Liebesfiktion – doch welche dramaturgischen und ästhetischen Herausforderungen ergeben sich, wenn es nicht (nur) um das Glück zu zweit, sondern zu dritt geht? Wenn die Liebe im Figuren- und Beziehungsdreieck in alle Richtungen verläuft und somit eine sexuelle Ambivalenz ins Spiel kommt? Wenn deshalb die Standards des Liebesfilms nicht mehr ausreichen?

Moritz Rosenthal: *Das Monster im Blick. Repräsentationen des Weiblichen im Horrorfilm*

96 Seiten, einige Abb.
E-Book: 9,99 Euro, Print: 12,90 Euro

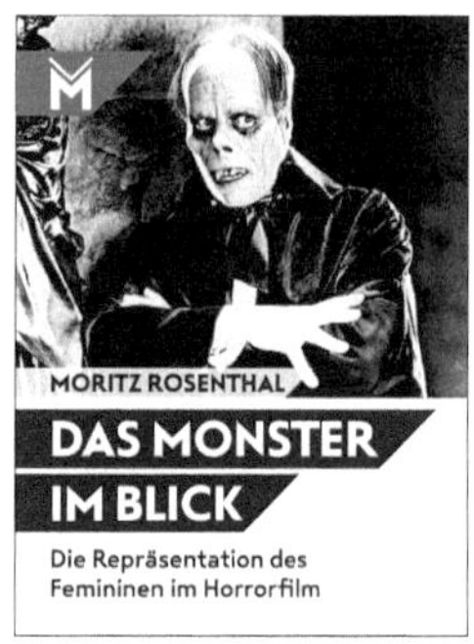

Monster bahnen sich blutige Schneisen durch weibliche Körper, die Frau muss als Leinwand für Grausamkeiten herhalten. Doch ist der Horrorfilm tatsächlich bloß ein blutiges Körperspektakel mit eindeutiger Rollenverteilung? Mit seinen Fragen nach Genre und Gender kann das Buch auch als Einführung in die Thesen von Laura Mulvey, Linda Williams, Carol J. Clover, Julia Kristeva und Barbara Creed dienen.

Außerdem erhältlich:

Henriette Nagel: Zukunft war gestern. Zeitreisemodelle im Film.
96 Seiten, viele Abb. u. Grafiken, E-Book: 9,99 Euro, Print: 12,90 Euro

Großvaterparadoxa, Parallelwelten und selbstkonsistente Universen: Hier treffen Astrophysik und Filmwissenschaft aufeinander.

Weitere Informationen auf **www.muehlbeyer-verlag.de**